学校評価を活かした学校改善の秘策

汗かく 字を書く 恥をかく

善野八千子
Yachiko Zenno

教育出版

はじめに

　「教育は，人づくり，町づくり，やってる私は若づくり」これは私のモットーである。感性のアンテナをさびつかせていては，「若づくり」はできない。常に今のニーズと自分のポリシーを整合させてこそ自己実現が可能なのである。

　理由あって，18歳で結婚し，取り急ぎ，20歳で教師になった。教員養成所のような詰め込み短期大学（ピアノ課題だけで留年する友もいた）を卒業した。成人式から3か月後には子どもの命と未来を預かる責任を背負って教壇に立った。管理職になってから，ようやく，学びの夢を実現し，大学院修士課程を修了した。

　誰しも初めから，「学校運営を円滑に行い・・・」などと思って，教師になりはしない。振り返れば，「こんな子どもたちに，こんな教育を目指して」と日々授業研究に励んできた。休日も研究会に参加し，自費で高額な書籍を何冊も購入し，他校の実践に学んだ。家に帰っても，我が子を寝つかせた後，クラスの子どもたちを想い，学級通信づくりにエネルギーを注いだ。1年間に141号の学級通信を発行し，ある年は，保護者との交換日記を毎日綴り，「子育てノート」をまとめた。自分の学級に全力を注いだことに悔いはない。自分の校務分掌に最善を尽くしたことに偽りはない。

　しかし，学校の在り方，全校の子どもたちに全力で向かい合ったとは言いきれない。学校経営の視点もなかった。学校全体で学校を改善していくストラテジーを共有できなかった。もっと有効にすべての子どもの育ちを学校として保障し，互いに教員自身の資質も高め合うこともできたであろうに。

　今もすべての教職員に「学校マネジメントを学ぶ機会はあるか」というと「否」である。その日その日に全力を費やして「頑張っている」と，自己陶酔に陥る人にこれからの教育は任せられない。また，行政から指示されたことを盾に新たな取り組みをただ増やすだけの管理職に学校運営は任せられない。

　教頭経験を経て，現在は，初任者から管理職に至るまでの人材育成の研修を行う立場にある。全国でも進んでいると言われる大阪の「学校評価のプロジェクト」の研究主担者となって発信する機会をいただいた。そこから喫緊の課題

が見えてきた。

　学校マネジメントを外圧の手法に依存してはならない。教育への想いが見える形，変化が見える学校にしていく必要がある。しかも，システマティックにコラボレーションさせながら。それが，教育にかかわる者にとっての手ごたえになり，次への意欲になる。

　今，教育はしかめっ面で語られている。私は笑顔で教育を語りたい。そのための「元気の素」を届けたい。疲れきっている教師，孤独な管理職。そんな人に，子どもは会いたいわけではない。保護者も子どもを任せたいとは思わない。地域からも支援の術も出てこない。

　まだまだ「学校経営マネジメント」は管理職のために必要とされているという誤解がある。

　本書は，多くの素晴らしい方との出会いによって生まれたものである。これから教職員になろうという方，初任者・新規採用者，管理職を目指す方等，すべての教職関係者に届けたいメッセージを込めている。確かな実践と輝く言葉に強く心打たれた出会い，そして，私自身の大いなる反省に基づくものであり，これからの教育改革への熱い思いそのものでもある。

　本書では意識改革だけではなく，行動変容となる秘策を伝える。

　見るべきは目の前の子どもとその向かう先である。その状況判断をしないで，キョロキョロと自分の周囲を見回し，「状況観察」してからしか動き出せないことの愚かさ。そこから抜け出さなくてはいけない。説得ではなく納得の素を提供したい。

　子どもたちには，「ナンバーワンではなくオンリーワンの教育へ」と言いつつ，教職員自身はどうなのか。

　「出る杭は打たれる，しかし，出過ぎた杭は打ちにくい。そして，もぐっている杭は腐る。」も，私のもう一つのモットーである。この本を手にとった方々が，出過ぎた杭となり，そこここで，個性ある教職員が生き生きとその力を発揮する。磨き合い，育ち合う教職員組織が学校改善に向かって参画する。そんな，学校経営マネジメントが広まり，子どもの笑顔の広がる未来を創り出せることを願って。

善野　八千子

目　次

はじめに

第1章　本当のリーダーシップとは……………1
1　「話す」ことで築く信頼…………………………2
　（1）週1回の3分間コマーシャルタイム　2
　（2）人生のメッセンジャーとして　6
　（3）学校評価の結果から校長講話をバージョンアップする　7
　（4）おじはげむ？　10
　（5）自分を語る出会い　11
2　「聴く」ことでつながる信頼……………………12
　（1）地域からの苦情　12
　（2）毎日の電話　13
　（3）ヒヤリング学校経営　15
3　「書く」ことで築く信頼…………………………17
　（1）学級と家庭をつなぐ　17
　（2）学校と家庭をつなぐ　18
　（3）だれもがスター　23
4　子どもを守る「リーダーシップ」………………24
　（1）日常的な責任体制の組織化　25
　（2）組織として子どもを守る　26
　（3）危機を避ける第一歩の判断力　27
　（4）「見える学校」にする決断力　28
　（5）行動力「何もないときこそ」のススメ　30
5　やめていくベテラン教師たち……………………32
6　「力」と「ハラ」と「心」と……………………33

第2章　始まりはビジョンづくりから……………37
1　夢を力にして学校教育目標をつくる……………38
2　共有できる学校の未来像をつくる………………38
3　言ってみてください，学校教育目標……………40
4　学校教育目標の改訂………………………………42
5　変化に応じて対応できるビジョン………………46

6　学校教育目標「トイレのきれいな学校」……………………………48
　7　学校のリフォーム ……………………………………………………49
　8　教育目標の数値化 ……………………………………………………50
　9　聞いてほしい人は，いずこに …………………………………………51

第3章　今，求められる学校評価 ……………………55
　1　分かったつもりになっている自分と闘うための理論編 …………56
　　（1）学校評価　56
　　（2）「学校教育自己診断」を活かして学校の改善を進める　57
　　（3）学校評価研究の背景　57
　2　学校評価とは何か ……………………………………………………58
　　（1）文部省の学校評価論　59
　　（2）高野桂一の学校評価論　60
　　（3）幸田三郎の学校評価論　60
　　（4）牧昌見の学校評価論　61
　　（5）吉本二郎の学校評価論　62
　　（6）中留武昭の学校評価論　63
　　（7）八尾坂修の学校評価論　63
　　（8）児島邦宏の学校評価論　64
　　（9）木岡一明の学校評価論　64
　3　「学校教育自己診断」の位置付けと目的 ……………………………65
　　（1）学校評価における「学校教育自己診断」の位置　65
　　（2）「学校教育自己診断」の目的　66
　　（3）「学校教育自己診断」が果たす役割　68
　　（4）「学校教育自己診断」の現状　68

第4章　明らかになった学校評価の課題 ……………73
　1　「学校教育自己診断」の実態と課題 …………………………………74
　　（1）「学校教育自己診断」試行のまとめ　74
　　（2）学校教育活動の自己評価等に関する調査・研究　75
　　（3）学校改善への道筋　78

第5章　チャンス，チャレンジ，チェンジ …………85
　1　改善事例との出会い …………………………………………………87
　　（1）第1回目の「学校教育自己診断」　87
　　（2）調査対象及び調査内容と方法について　88
　　（3）調査内容と方法　89
　　（4）調査分析　90
　2　研究結果と考察 ………………………………………………………117

 3　結　　論 …………………………………………………130
  (1)「学校教育自己診断」を活かして，校内の共通理解を深める　130
  (2)「学校教育自己診断」を活かして，学校の特色を発信する　133
  (3)「学校教育自己診断」を活かして，「信頼感」を構築する　134
  (4)「学校教育自己診断」を活かして，保護者・地域の教育力を得る　135

第6章　ああする，こうする，学校評価のプロセス ……139
 1　学校評価Q&A ………………………………………………140
 2　外部評価を活かした具体事例 ……………………………154
  (1)　学校評議員会との意見交流による評価項目の改訂—B中学校　154
  (2)　学校内外への透明性とスピーディな変化の発信—G高等学校　159

第7章　これからの学校マネジメント ………………………161
 1　「マネジメント・サイクル」の各段階を活性化する …………162
  (1)　学校が自由に使えるカネ　162
  (2)　学校のマニフェスト　164
  (3)　歩いて知る地域理解　166
 2　「目標による管理」と校長の支援 …………………………168
  (1)　特化して求められるマネジメント能力　168
  (2)　「組織マネジメント研修」より　170
  (3)　「管理職養成コース」の設置　172
  (4)　納得のいく教員評価に　177
  (5)　評価する校長とともに評価される校長　179
  (6)　学校改善ができる校長育成のための戦略構想　181
  (7)　必修コミュニケーションスキル　183
 3　育ち合う教職員組織の確立 ………………………………185
  (1)　公開授業は何のため　185
  (2)　授業評価を活かす　186
  (3)　結んで，開いて，手をつなぐ　189

第8章　コラム3集 ……………………………………………199
 1　「説得より納得」—それが善野流 …………………………200
 2　ゼンノ・ワールド …………………………………………201
 3　教員がこれから取り組むべきこと …………………………202

引用文献
あとがき

第1章 本当のリーダーシップとは

〜汗をかく，字を書く，恥をかく。
マネジメントは信頼関係から〜

学校教育への「信頼回復」が言われて久しい。そして，今，学校マネジメントを通して，学校への信頼構築が求められている。
　私は，20年間の教員生活から自分自身を省み，教頭経験から学校組織を見直し，そして管理職研修等を担当する立場から「学校の信頼」を築く「学校マネジメント」を伝えたいと考えている。
　これから教員を目指す人にも，これから管理職を目指す人にも，元気の出る学校経営をマネジメントしていただくために，お読みいただきたい。
　まずは，「汗かく，字をかく，恥をかく」という「人生の三かく」のトライアングルを打ち鳴らしてスタートすることとする。
　私のポリシーである「人生の三かく」とは，次の3つである。
　「汗かく」は，「話して，聞いて，労を惜しまず行動すること」である。
　「字をかく」は，「まさに書くことを通して意思を伝え合い信頼を築くこと」である。
　「恥をかく」は，「知ったかぶりをしないで問い，答えを求めて常に自分を更新すること」である。
　これらの具体例や情報等を折り込みながら，信頼を構築する「学校マネジメント」について述べていく。

1 「話す」ことで築く信頼

(1) 週1回の3分間コマーシャルタイム

　小学校の場合，一週間の始まりが月曜日の全校朝礼で始まるように，「校長のお話」から始めよう。（担任はホームルームの話として）
　①校長（先生）は，いい話をする人であってほしい。
　②校長（先生）は，話のうまい人であってほしい。
　③校長（先生）は，短い話が得意な人であってほしい。
　これは，たいていの子どもや教職員，保護者地域住民が心のどこかで思っていることである。校長（先生）御本人には，直接言いにくいだけにこれにこたえていただけないまま，次の校長（先生）が赴任する。「今度の校長（先生）は・・・」という具合にまた，期待はふくらんでいく。

第1章　本当のリーダーシップとは

　当の校長ご本人からは，「校長になって，日曜の晩酌がまずくなった。」「一週間が早くて・・・」と言う声が聞かれる。常々，校長講話の内容を考えておられるからであろうと頭が下がる。
　考えに考えられたあげくと思えるが，6歳児に対して，「コウテイノジュモクノ，ケイゾクカンサツ・・・」と言っても子どもにとっては意味不明である。子どもは，面白くないと座り込んで砂をいじる。前の子どもにいたずらを始める。あちこちで，担任が大きな声で注意をして一層騒がしくなる。
　「校庭の樹木の継続観察」と漢字で頭に浮かぶ子どもは何人いるだろうかと，私は担任時代に校長の児童に対する理解度に不信感をもったことを鮮明に覚えている。
　子どもの反応は，話のうまさのバロメーターである。まず第一に，子どもは興味のない話題には耳を傾けない。興味がわいても内容がつまらなければ聞かなくなる。分からなければ，しゃべり出す。
　ほぼ同じくらいの理解力をもつ高校生たちを対象とするのに比べると，確かに，小学生に対する講話は難しい。6歳から12歳という成長過程にある子どもを相手に，心に響く話や記憶に残る話をすることを，「話術」というスキルだけで可能にできるものでない。
　しかし，中学生や高校生にとって，今が話を聞く時なのだという状況は理解できたとしても，生活習慣や関心事は多様であり，どの子もが興味や関心をもって一様に聞く生徒に成長しているわけでは決してない。
　大切なのは，日々の子どもについての理解，実態把握，教職員とのコミュニケーションの中から得られる子どもたちの生活に関するホットな話題の情報収集である。どんなに大変でも，感性のアンテナをピカピカに磨いて，このことにかける労力を惜しんではいけない。
　朝礼後，それぞれの教室に分かれてからも，もう一度校長の話が話題になったり，「あの話の続きを話してください。」と，子どもも教職員も校長室にやって来るような中身のある話がしたい。
　私は担任の時，毎週朝礼後に，校長講話をもとにした聞き取りテストを行っていたことがある。テスト用紙はＢ6サイズ，テストの内容は，
　①いくつの話があったか
　②それぞれの話の要点

③自分が思ったことや考えたこと

である。

　朝礼後に教室に戻るとすぐに，日直が聞き取りテスト用紙を配付するので，だれも立ち歩かずに書き始める。静かな教室に鉛筆の音だけが聞こえる。継続すると，傾聴の態度が育ち，聞き取りの実力は積み重ねられていった。

　しかし，校長の話を思い出そうにも煩雑に話がからんでいて，いくつ話があったか数えようがなく，苦悩のうなり声があちこちから起こってくることもあった。子どもに申し訳ないので，私自身で答えるのが困難なときは実施しないことにした。聞き手が成長して真剣になるほど，教師の準備不足が露呈する。聞き手が未熟であればあるほど，十分な準備が必要になる。

　ある時，聴力に障害がある子どもがいるにもかかわらず，ただただ話し続ける校長がいた。「話す内容のすべてを文章にするのは難しいにしても，今日は何についてお話をなさっているのかについてだけでも提示をしていただけないものか」と，校長室にお願いに行ったことがある。

　もちろん，担当の教員が働きかけてフォローしていたが，子どもたちがどんな思いで毎週校庭に立っていたかと思うと胸が痛い。また，その保護者が朝礼に見えていたら，学校への信頼など瞬時に崩壊したに違いない。

　どんな状況にあっても，校長はエンターテナーであってほしい。たまに，意味もなく手品を披露して，驚かせるという方もある。しかし，子どもの感動もそう長くは続かない。忘年会の余興でも3年間やり続けるとあきられる。

　週1回，3分間の校長の講話の効果は絶大である。その教育効果は，企業がメディアに払うコマーシャルに匹敵する。

　「今日，校長先生がこんなお話してたよ。」心に響けば，必ず子どもは家庭で話す。保護者同士が話をして，地域住民の話題にもなる。毎週月曜の夕食の話題になる，そんな校長の講話でありたい。

　しかも，効果はそれにとどまらない。校長は子どもに話していながら，実は教職員に向けても有効に価値観の伝達をしている。

　それは，学校教育目標の具現化であり，育てたい子どもの姿を語ることにほかならない。

　ショッキングな少年犯罪事件があった翌日だけ，「命の尊さ」の話を急に深刻に話したところでそれは，後追いの対処の一つでしかない。

第1章　本当のリーダーシップとは

「命の重さ」より「命のはかなさ」「命のもろさ」を常に語り続けたい。

「簡単に命ってなくなってしまうのです。そして，二度ともとには戻らないのです。」それを事あるごとに，暗く悲しい話としてだけでなく，生き抜くすばらしさを子どもが理解できる事例の中で語りたい。

こうして，講話を通して教職員が校長の人格に触れることとなる。「うちの校長って，すごいなぁ，さすがだな。」と，思われるか，「なんだこりゃ。」と，がっかりさせられるか，この時に校長は教職員に評価されているのである。当然，「なんだこりゃ。」であってよいはずはない。

「うちの学校には，毎週の校長講話というものがない。」という方には，教室でのホームルームや週の初めの授業での先生自身の話に身を置き換えて考えていただくと，実感がわくだろう。

また，「講話の類いの話をしたことがない」「授業内容しか伝えることはない」という方は（そんな方がいるとは思えないが）来週から，毎週3分間，子どもたちに語って欲しい。

「自分の言葉で，自分が感じたこと，考えたこと，体験したこと」を子どもに伝えることをしない教職員に対しては，子どもが自分を語ることはないだろう。

週1回の3分間は学校経営，学級経営の有効なコマーシャルタイムと心得ておきたい。コマーシャルソングは，口伝えで商品のイメージを定着させる。学校のビジョンは，繰り返し説明することで，定着させ共通理解される。

信頼を築くためには「有言実行」である。

常に語り，「学校が大切にしていること」を子ども，教職員，保護者，地域住民みんなが共通に理解し，知っていることが大切である。

当然のことではあるが，話すことはまず文章に書く。プロットだけでもメモ書きすることが大切である。

○人権に配慮しているか。
○つかみはOKか。
○子どもが聞きたい内容であるか。
○旬の話であるか。
○自分しか話せないことであるか。
○明日のエネルギーがわく話か。

○心に留まる内容であるか。

　つまり、適時性・話題性があり、人間性あふれる話題があり、昨日と違う自分をつくってくれる要素がそこにあるかということである。

　書いて話したことはまた、加筆して書くことができる。校長講話と学校通信は連動しているはずである。多忙を極め、ますます激務をこなしている校長が魅力ある講話を毎週量産する状況は、週刊誌に連載している売れっ子作家と同じであると自覚したい。

　子どもは会いたい人がそこにいるから学校に来る。月曜日の朝、校長や担任の話、今日の授業の教科担当の話が聞きたくて登校する子どもがいて、不登校の子どもが一人でも多く減っていくのであればステキなことではないか。

　そんな「明日も行きたい学校」の一つの要素としての「話す」ということに大きなエネルギーを使いたい。「話すこと」によって築かれる信頼感は大きい。

(2) 人生のメッセンジャーとして

　これまで、毎週の朝礼講話（ホームルーム講話等）について述べたが、さらに、式辞となれば、また、心に残る重みが違う。子どもの生涯の「信頼感の構築」となったという話も聞く。

　例えば入学式は、保護者にとって、「学校への信頼度」の第一関門である。学校内の環境・雰囲気、教職員の接し方、在校生の態度など要素はたくさんある。期待と不安で入学を迎えて子どもと保護者が入学式に臨む。

　その中でも、教頭の心あたたまる司会と校長からの祝辞、担任が教室で話す内容が大きなポイントとなる。

　このような大きなイベントは、入学式、始業式、終業式、卒業式等、3学期制では一般に年間8回の式辞の機会が予定される。その都度、時事問題や校長式辞集からピックアップするなどしてご苦労されている方は多い。

　これを「真剣勝負」とした校長がおられた。しかも、学校評価（学校教育自己診断）の結果からその内容を改善され、校長講話をさらにバージョンアップされた例である。

　その校長は、「式辞は3か月前から準備する」と言われる。つまり、始業式が終われば、終業式の式辞を考えるというのである。もちろん原稿の推敲は十分に行い、当日にカンペを見ることもない。頭が下がる。ここまでされている

からこそ，実際に生徒から拍手がわき起こるのだろう。

その一色尚元校長は，実践力はもちろんのこと，プレゼンテーション能力もすぐれた方と尊敬していた方である。それだけに，「この方をして，この努力か」と感服させされる。すごい人は，必ず汗している。

次に，ご本人の了解を得て，その取り組みを紹介させていただくことにした。

(3) 学校評価の結果から校長講話をバージョンアップする

【「学校改善への道筋―学校教育自己診断，学校協議会を活かして―」平成15年（2003）大阪府教育センターより】

① 概　要

「学校教育自己診断」のアンケート結果に対し，学校として，校長として，どのように施策を展開するか，いかにこたえていくかである。そのうちの私にかかわっての展開を述べる。それは，1年と3年生の一部クラスを対象に実施した生徒350名ほどの回答である。

質問は，「校長先生の考えや話は興味深く，よく分かるか」というものであった。

回答は，次のようであった。
　　　よくあてはまる　　　　　2.9%
　　　ややあてはまる　　　　 10.2%
　　　　　　　　　　計　13.1%
一方，
　　　あまりあてはまらない　 38.7%
　　　まったくあてはまらない　43.9%
　　　　　　　　　　計　82.6%

これには，がく然とした。始業式，終業式でも，生徒たちは話を静かに，熱心に聞いていた。また，つとめて放課後は部活動を見たり，生徒と話をしたりしていたつもりであったにもかかわらず，この結果であり，おおいに反省すべきことと思った。

しかし，「式直後にアンケートをとっていたなら，もう少し回答はよかったのではないか」といい方へ解釈したり，「式で生徒に話をするのは学期に2回

だけだし，生徒からすれば校長とほとんど話をしたことなどないのだから，校長の考えは分からなくて当たり前ではないか」と思ったりした。
　しかし，これでは「学校教育自己診断」にこたえたことにはならないし，放置しておくことはできないと考えた。
　そこで，一層，精力的に生徒と話をすることにした。

ア　式における式辞
　1000人ほどの全校生徒を前にした式での話を，一層大事なものと考えた。式辞は中身を十分に練り，21世紀を生きていかねばならない生徒たちが興味を持ち，かつ生徒たちがこれからの高校生活をするうえで，さらには生きていくための参考となるものを考えた。それまでも生徒たちは，静かに聞いていたが，さらに中身の精選，話し方の研究をした。何といっても，式辞は，校長が平素思っていること，考えていること，生徒たちに伝えたいことの集大成である。壇上から生徒の反応，動きを見ながら，真剣に話した。
　まさに"たかが式辞，されど式辞"であり，何といっても今日の式辞は，静かに聞かせてやるぞという強い意気込みで，自分なりに気合いを入れて臨んだ。当然，そのための準備は怠らなかった。
　式の3か月ぐらい前から式辞の内容を考えはじめる。つまり，始業式が終われば，すぐに終業式の式辞を考えだすといってもよいくらいの準備をした。生徒が興味を持ち，関心のある話をすることが必要なので，その時その時に応じたフレッシュな材料を研究するなど，まさに「学ぶにしかず」である。
　また，聞くことのできる時間も配慮することは言うまでもない。声の大きさ，マイクとの距離，間のとり方，自分の視線の方向等を考えながら話した。声が力強くはっきり出ているか，自分がどんな声で話しているのか，時にはテープにとって聞いたりした。教師に，今日の式での話は長すぎなかったか，話すスピードは適当かなども聞いて確かめた。
　自分の声，話の内容を謙虚に聞いて，まずいなと思ったところは気をつけた。幸いにして，生徒は私語もせずに聞いているし，終われば生徒たちが拍手してくれるようになった。大切なことは，"自分以外はすべて師"という姿勢であり，こういう意味でも校長は，自己研鑽，研修において教員に遅れをとってはならない。

第1章　本当のリーダーシップとは

イ　平素からの生徒との会話を重視

　放課後，教室で勉強している生徒がいれば，入って行って進路のことなどの雑談をしたり，部活動も精力的に見学した。これまで以上に，生徒との対話をした。そのせいなのか，前年には，まったく話をしたこともない生徒が，突如，校長室にやって来た。内容は，高校生活における悩みの相談であった。「担任の先生にも話にくいので」とのこと。後日の職員会議で，当の生徒の氏名は伏せて，高校生という年ごろは，いろいろな悩みをもっているものだから，普段からの何気ないシグナルを見落とさないようにといったことを話した。

　また，耐寒訓練で山へ登った折は，生徒たちと一諸に歩いた。生徒の方も，気軽に「校長先生，一緒に行こう」と声をかけてくれ，話をしながら，山登りをした。そのうち彼女たちに誘われ，細い山道を縦に長くなって歩きながら大きな声で"しりとり"をしながらの山登りを経験した。このことは，生徒たちを知るとともに，そのクラス，学年，学校全体を知ることにもつながる。一方，生徒たちも，校長と話をしながら耐寒訓練で山登りをしたことで，校長の考え，人となりを知り，かつ彼らの思い出にもなったことと思う。また，家でクッキーを作って校長室へ持ってきてくれた生徒もいた。

②　ま と め

　よく校長は学校の顔といわれる。その顔が，上述したような「学校教育自己診断」に表れた生徒の回答では話にならない。このことを私に対する批判，激励と受けとめ，その後は，自分を厳しく問い，生徒に対する話の内容をさらに検討し，興味津々，聞かせる式辞に挑んだ。そして一層，生徒と接触するようにした。こうしたことは，学校教育自己診断の結果に基づく私自身の変身でもある。校長の考え等が，少しでも多く生徒の心に伝わるように，今後も努力していかねばと思っている。

　学校評価の一つである「学校教育自己診断」を活かした学校改善事例については第5章で述べていくことにする。

(4)　おじはげむ？

　私の前の所属長（大阪府教育センター馬越かよ子前所長）は，いつも心に響き記憶に残る講話をされる。いつでも，どこでも，だれにでも，そうされているところがすごい。あらゆる場をくぐって来られた貴重な体験に基づいていることの裏付けがある。
　しかし，正直言って，半端ではない豊かな体験があるだろうに，それが「話す」という行為からは，想像しにくい方も中にはおいでである。
　そんな中にあって，決して期待を裏切らない前所属長が，教えてくださった秘策がある。
　「善野さん，『おじはげむ』よ！」と，言われる。何かのおまじないではない。この5文字の頭文字で，とっさのことでも，これで挨拶の構成がきちんとできると，言われるのである。
　①　お………お礼（感謝の気持ちのスタート）
　②　じ………自己紹介（自分を語る）
　③　は………話の内容は，ニーズにこたえたものに
　④　げ………激励する
　⑤　む………むすび
　なかなかのヒントとなる。形ではなく，一連の構成要素の骨組みに肉付けできるのは話し手の人間性ではあるが・・・。
　年度当初の講話で前所属長は，公的な立場の「自分史」を見事に語られた。そして，結びの言葉はこうだった。
　「みなさん，指導主事の代わりはいくらでもいます。しかし，代わりがいないのは家族です。健康には気をつけて，家族を大切にしてください。」
　「がんばれ，死ぬ気で働け」と，言われるよりも，ずっとモチベーションが上がったのは言うまでもない。
　管理職と教職員の出会いの挨拶，赴任先での地域住民や保護者への挨拶は，思いのほか相手の心に残るものである。第一印象をつくり，信頼の第一歩を踏み出すかどうかが決まることにもなる。

(5) 自分を語る出会い

　担任と子どもの出会いである学級開きの際の担任の一言の効果は大きい。
　進学，進級の時，子どもは子どもなりに「新しい自分」になりたいと願っている。それまでの一人一人の軌跡を理解し，把握することは，教育の基本である。そのうえで，子どもが一端真っさらな自分になれるリセットのチャンスをつくってやることは重要である。
　私が5年生担任の時，保健室登校の子どもと場面緘黙(かんもく)の子どもがいた。
　初めて教室に入った日に，私は子どもたちにこう語りかけた。
　「みんなが4年生まで，どんな子どもだったか，先生には関係ない。今日からどんな5年生になるかが大切なこと。その自分を一緒につくっていこう。
　最初に，一つ話したいことがある。先生が小学校の5・6年生の時のクラスは，はっきり言って，不幸なクラスだった。担任の先生が注意をしても，聞かない子どもたちがいた。その子どもたちのしたい放題のクラスだった。例えば，毎日の給食のジャムやバターも，その子どもの言うことを聞く仲間にだけ配られた。掃除の時間，ほうきを持ったまま女の子が押し倒され，男の子が馬乗りになった。授業中，女の子の服の背中のファスナーを後ろの男の子が下ろしてきた。思い出したくもないひどいクラスだったけれど，忘れることもできない。友だちの一人一人は，好きだったけれど，自分のクラスは大きらいだった。みんなの力でそんなクラスにだけは，してほしくない。『このクラスでよかった』というクラスをみんなでつくっていこう。先生は，そのためならどんなことでもする。」と。
　前の学年まで，保健室登校だった子どもも休むことなく登校し，自分の力を発揮して全国のすばらしい賞をもらうほどの作品をつくり続けた。
　場面緘目の子どもは，授業の中で声を発せられるようになった。学校生活の中で，11歳にして初めて発言し，卒業式の日には壇上ではっきりと返事をして巣立っていった。
　それを支えたのは，一人一人の子どもたちだったことには間違いない。
　学級のスタートで安心と，やる気を引き出すメッセージは，自分を語らずして届くことはない。

2 「聴く」ことでつながる信頼

「話すことで築く信頼」が,「聴くことで築く信頼」につながる。
　それは, 自分と相手との呼応である。この話し手には, 自分のことを話したいと思われたら, 必ず聞いてほしい人たちが集まってくる。

(1) 地域からの苦情

　不満をもっている子どもたち, 不信を抱いている保護者, 疑問を感じている教職員の話を, まず聴いて, 受け止めることができるかが問題である。カウンセリングマインドは研修会でだけでなく, 日常の職員室の中で育ち合う。
　学校には, 保護者や地域からの電話が頻繁にかかってくる。たいていは, 連絡, 相談, 質問, 疑問, 苦情である。まず, お褒めの電話はめったにかかってくるものではない。
　中には, 感情的になって怒りをぶつける相手を探して, 電話をかけてくることもある。
　そのような電話を受けているときの職員室は, みんな「ダンボの耳」である。教職員は, それぞれに仕事をしているようでいて, 電話に出ている管理職の対応ぶりに注目し, 耳を澄ましている。
　教頭時代の私は, ある日, 次のような電話を受けた。
　「あなたところの学校は, どんな教育しているんだ!」
　そんなときこそ, いつものニッコリ丁寧な対応が重要である。(電話でも笑顔は届くのだ。)
　「はい, ○○学校, △△でございます。失礼ですが, どちら様ですか?」
　相手はたいてい名を名乗らないことが多い。
　「学校の帰りに, インターホンを鳴らして子どもが走っていく。しかろうにも, さっと逃げてしまっていないから, 学校に電話をかけた! 毎日毎日, まったく!」
　ははーん。いわゆる「ピンポンダッシュ」という, いたずらである。お客様かと思って手を止めて外に出たら, だれもいない。家人に病人や乳幼児でもおられるお宅だったら, 一層怒りはつのるだろう。

電話を受けたこちらの第一声は,「ご連絡いただき,ありがとうございます。詳しく聴かせていただきます。」である。

「すみません」は事実確認して,いたずらした子ども本人が謝る言葉である。学校としては,共に指導しようとしてくださる方にお礼を述べる。

まず,住所と時間帯で,何年生の下校時間か,通学路はどの方面か確認する。

「子どもたちに本当の指導をするには,きちんとお詫びに行かせるところまでするのが,うちの学校として育てたい姿です。」と,話をするころには相手の怒りは,やや静まっている。かたくなに名乗らなかった相手の名前まで聞き出すことができる。

翌日子どもが登校してからではなく,即座に対処すれば,学級と子どもの名前まで確認は可能である。子どもがお詫びに行く指導に担任や学年担当が付き添う。

事後の対応をそこまでで終わらせないで,聴いたことには,徹底して対処する。一つの指導が終わった後に,共に指導にかかわってくださったことのお礼に電話の主を訪れる。

そして,「ありがとうございました。今回はこんなにご迷惑をかけましたが,うちの学校の子どもたちは正直でしょ。すぐに名乗り出て,お詫びに来させていただきました。ほぼ毎日,この時間にお宅の前を通ります。どうか,これからも,声をかけてやってください。こうして,地域の方と一緒に育てていきたいと思います。それから,またお願いで恐縮ですが,下校途中の安全面も最近は心配です。できましたら,外に出てしばらく見守ってやってくださいませんか。」

お詫びと共にお願いをしに行くこととなった。さらに,栽培されているたくさんの見事なランの鉢を見せていただいて感激すると,「一つ持っていくか?」と,おみやげまでいただくという厚かましさとなった。

その後も,毎年,学校に見事なランは届けられた。

(2) 毎日の電話

次は,子どもの欠席連絡への対応である。

「欠席は電話でなく,連絡帳で伝えてください。」というのが原則の学校は多い。しかし,さまざまな家庭の事情や,登校直前になって欠席の決断をしたた

めに連絡帳が届けられないこともある。電話で何らかのニュアンスを伝えたそうなこともある。

　それを，一律に「これからの欠席連絡は，連絡帳で伝えてください。」と答えたのでは信頼は築けない。

　「あー，3年2組の田中さん。健太君でしたね。」この時点で，「教頭先生，うちの子どもの下の名前まで知っている！」と，感激されたこともある。「当たり前でしょ。いつも，楽しいお子さんだと担任から聞いていますよ。」片手には，全校生徒の学級別写真と姓名の名簿を開いている。子どもにかかわる電話がかかってくるたびに，開けられるよう名簿を電話の側に置いておく。こうして，子どもの顔と名前をいち早く一致させて覚えていく。学校の規模や赴任期間を言い訳にせず，まず子どもの顔と名前を覚えていくことが大切である。

　「あれ，昨日も風邪でお休みでしたね。ひどいのですか。」

　日々の欠席者は，保健室でチェックしておく。特に，インフルエンザが流行する時期だけ休んでいる子どもをチェックしたり，不登校の子どもの名前だけをチェックするのでなく，日常的に休みがちな子どもの名前は，把握が必要である。

　前日に，けがをして病院に行った子どもの家には，学校の方から電話する。

　教頭時代の私の日課は，職員室に着いたら，朝一番にその家に電話をすることだった。

　前日の処置として，特別な事情がないかぎり，担任が家に送り届けたり，夜に子どもの家にけがの様子を尋ねたりしている。

　保護者が仕事の都合でかなり遅い時間しか帰宅されないことも，増えてきたからである。

　翌朝一番の電話をかける。あわただしい朝の時間帯ではあるが，いやな反応をされたことは，一度もなかった。

　「昨日は，子どもさんのけがのことでご心配かけました。昨夜はいつものように眠られていましたか？担任も心配しておりました。」

　この時点で，見えないトラブルの種が潜んでいればすぐ反応がある。

　けがをさせられた相手の子どもや保護者の対応への不満，担任，養護教諭，学校の処置への不満・・・。小さな誤解の行き違いから，後になるほど，けがではないところの傷口が大きく広がることもある。

第1章 本当のリーダーシップとは

　子どもは，けがをして大きくなる。トラブルを解消する力を身につけて育つ。しかし，心の傷は成長の糧にはならない。まして，おとな同士のトラブルに巻き込まれては，不信感さえ残る。

　また，けがでのトラブルは起こらなくても，今後の通院のために，家庭生活に影響を及ぼすことも生じる。仕事を休むと，「皆勤手当」がつかなくて，経済的に苦しいという家庭もある。骨折などで送迎しなければならないことになっても，車がある家庭ばかりではない。

　さまざまな状況を迅速にキャッチして対応するのは，翌日の「愛と誠意ある１本の電話」だと私は確信して実践してきた。言い古されているが，「教育とは，今日行くこと」である。私はそれに，「翌日，声を聴くこと」を付け加えたい。

　ピンチをチャンスに変え，怒りを協力に変える。聴くことは，聞き流しではいけない。しっかり受け止めて聴くことは，信頼を築いていく。

(3) ヒヤリング学校経営

　管理職が教職員から聴くという「ヒヤリング」は，「人事考課制度」「評価育成システム」等の教員評価がすすんで，徹底して実施されるようになった。

　現段階での方法や制度はさまざまである。

　ずっと以前から実践されてきた元校長先生から，学校経営の基軸に据えた「教職員から聴く」という，だれもができてシンプルな策を聞くことができた。

　その方は，幼稚園長，小学校・中学校の校長を歴任された宮本榮信先生で，「どの校種でも共通」と断言された。

　うかがったお話から，当時の校長「ヒアリング」を再現する。

○担任の場合
【１学期末】
　　校長：（クラスの名簿を見ながら）出席簿１番の青木さんのことを教えてくれるか？（メモをとる）
　　担任：はい，掃除などは，真面目でよく頑張るのですが，数学で計算が弱くて・・・。
　　校長：（アドバイスをする）

【2学期末】
　　校長：青木さんはどんな子どもかな？
　　担任：はい，生活面は，真面目でよく頑張るのですが，数学で計算が弱くて。
　　校長：１学期間かけて，何をやってきたのか。教師は，子どもを伸ばすことが仕事ではないのか。

　そして，担任を徹底してしかり，アドバイスをするのだという。もちろん，３学期も同じようにすべての担任に繰り返される。

○生徒指導主事の場合
　　校長：今日は，朝の運動場にボールが何個落ちてた？
　　生指：は？
　　校長：そんなことも見てなくて，生徒指導できるのか？バスケットボールが１個，ソフトボールが４個，バレーボールが３個や。
　　生指：はい，毎朝運動場見て，指導します。
　このような質問に始まり，次々に子どもの問題事象の質問が続く。

　これらの「ヒヤリング」には教頭を同席させる。メモをとったり，教頭にアドバイスをさせたりして育てるためである。
　翌年は，教頭がヒヤリングをする。校長は，黙って聴いている。必要なアドバイスを付け加えるだけである。
　この「聴く」というヒヤリングは徹底して，教職員の自己責任を明らかにすることになる。自らが課題を意識して明らかにし，どう解決していくかを言葉にし，責任を果たしたかを確認するシステムを丁寧にされてきた。
　「学校を変えるポイントは一つ。それは，ヒヤリングです。」と，その元校長先生は，きっぱり言われる。
　しかし，管理職が教職員に「聴く」ということをこれほど細やかに徹底してできるのは，「汗する」行為が背景にあるからである。
　毎朝，校門で「挨拶と次の一言」である「おはようございます。昨日の○○はすごいかったね。」と子どもに声をかけることが日課であった。
　もちろん，「運動場にボールが何個落ちているか」「校内の時計がみんな同じ時間を指しているか」も見て歩いている方であった。とにかく，教職員一人一人のことも子どものことも，学校全体をしっかり見ておられたに違いない。

教職員に,「聴く」という働きかけは,つまり役割と仕事を端的に自覚させるということになる。

教職員との信頼関係が結ばれていくプロセスは,「聴く」ことを通して,「愚痴や悩み」から「解決策」へ,次の一手をどう打つかを導くプロセスと重なっている。

そして,校長・教頭が聴いてしかり,聴いて適切な助言を与えることによって,教職員が納得し,自己実現や成長の実感や喜びをもってこそ「ヒヤリング」である。

これは,管理職と教職員をそのまま子どもと教職員の関係にも置き換えると,「ヒヤリング学級経営」になるのである。

3 「書く」ことで築く信頼

(1) 学級と家庭をつなぐ

最近は,どの時間帯の電車に乗って,車両を見渡しても,携帯電話を開けている人の姿がある。学生は,友達と会話をしながらでも携帯電話を開けてチェックしている。それほどまでに,活字での情報交換は日常的になった。手紙は書かなくなった。でも,メールで届く文章は発信者もおっくうがらず,受信側も心待ちにしている。それは,自分にかかわることがその文の中にあることで,ひっきりなしにチェックしたい関心事になるのである。

いくら学校のホームページを立ち上げても,絶えず開けてもらうためには,更新する内容の工夫が必要になる。そのためには,読み手にかかわる関心事をどれだけ意識させるかである。

学校通信,学級通信という手段は不易であり,基本の情報発信手段である。リアルタイムではないが,双方向の交流に十分なり得る。

私は,最後の担任の時には1年間に141号の学級通信を発行していた。自分にノルマを課したことなどないが,ざっと2日に一度の発行の割合になる。子どもの活動から受けた感動を書かずにおれず,子どもの作品の見事さを伝えずにおれなくなった。日々の授業時間の中で,学習の質を高めるために交流する時間を毎日確保することは難しい。しかし,「○○さんは,こんなにすごい考

えだった」とか、「△△さんが、こんなにうまくなってるんだよ」ということは、その日のうちに伝えたかった。その効果は、学級内の子どもの質の向上だけではなかった。

家庭からの返信が来るようになった。またそれを、学級全体に広めたくなる。そうこうして、私が書く文章は、多くの量を占めなくとも、どんどん学級通信が発行されていくことになっていった。

一人の子どもの詩をここに紹介したい。

> 「世界一のクラスやねん」
> うちのクラスは変やねん
> 頭がでかいやつはおるし
> 顔がこげてるやつおるし
> すげえ出っ歯なやつおるし
> 顔が長いやつおるし
> ほんまわけがわからんねん
> せやけどそいつらとおると
> 何かめっちゃあったかいねん
> ぼくから見たら
> 世界一のクラスやねん
> 世界にはばたけ6の3（6年3組）

これも学級通信を書くということを通して子どもが自分のクラスに送った宝物であり、担任である私にもくれた宝物である。

(2) 学校と家庭をつなぐ

私が教頭になってからは、学校新聞を発行した。さすがに教頭職の激務の中で、学級通信の数には及ばなかった。しかし、職員室に来る子どもに「お母さんが、学校新聞を楽しみにしてるって言っといてって！」と言われたり、参観に来られた保護者から声をかけられて感想をいただいたりして、また俄然意欲がわいた。

学校通信の中に学校経営に関するビジョンを発信する文が浮かび上がる。4

第1章　本当のリーダーシップとは

月当初に第1号で教育目標や校長の所信表明なるものを書いたからといって，決してそう簡単にすべての保護者や地域に伝わるものではない。繰り返し，事あるごとに発信していくことが必要である。

次に，育てたい子どもの姿を伝えるために，私が学校通信に掲載した文を一部引用する。（平成9年〜11年）

先に乗ったエレベーター

私は20階建てのマンションの19階に住んでいるので日々実感していることがあります。

先に来たエレベーターに乗った方が先に最上階に着くとは限りませんね。私があわてて走り込んで飛び乗っても，どの階にも各駅停車のように止まって，そのエレベーターに乗り遅れた人が次に来た隣のエレベーターに悠々と乗って先に19階に着いて私の前を歩いていらっしゃるということもあります。また，その方が家に入った途端につまずいて転んで私の方がゆったりおいしく夕食を味わっているかそれはわかりません。

人生もそんなエレベーターのようなものだと思います。せかせかとより速く大急ぎで息を切らせて，
「やったぁ！○○さんより勝ったぁ。」
などと思うのことはあまり意味のないことですね。

学習においても「より速く」「より多く」を同時一斉に競わせることで素晴らしい人格が育つものでないことは，昨今の哀しい事件からも身にしみて感じることです。

基礎学力を付けることは言うまでもなく必要なことですが，今後は，もっと様々な人や学習との出会いで個々のよさを引き出すことが大切だと思います。

今，5年生では「ビデオを使って料理番組を作ろう」ということで，子どもたちが計画しています。国語科・社会科・家庭科を総合的に学習し，自分たちでシナリオを作り料理をし，ビデオに収めます。

その活動を支えるために保護者の方におやつの作り方やおいしく作るためのコツなどを教えて下さるボランティア・ティーチャーを引き受けていただきました。

また，2月から毎週火曜日に図書室で「お昼のお話会」として本を読み聞かせていただくボランティア・ティーチャーにも来ていただくことになりました。

また，「朝の遊び」でも保護者のみなさんや地域の方々に遊びを教えていただくことが計画されています。

身近な人々の温かいかかわりを得て，子どもたちがまたどんなふうに力を付け，どんな豊かな時間をもっていくようになるか本当に楽しみです。人とのかかわりが希薄だと言われ「かまってほしい」という欲求を強くもって

いると言われる今の子どもたちにみんなでかまっていけたら、どんなに豊かな人間に育っていくことでしょう。
「『保護』とは、子どもを守り見つめること。『干渉』とは、子どもにこちらの言うことを気かせること。本当の言葉の使い分けをして子どもにかかわらねばならない。過保護で崩れていく子どもはいない。」

最近聞いた言葉です。
親や教師の過干渉で、せかされてエレベーターに押し込まれたら違う階で降りたくなるかも知れません。
私は今は他の階で降りたいとは思っていませんが、夕焼け空を一人占めできる19階の我が家に、夕焼けが見える時間にたまには帰りたいなあと思っています。

見つめてくれる目

「昨日もって帰ってきたカマキリさん。弟が触ると思ったM子は一日中持ち歩き、友達を送っていくときも自転車のかごに乗せて走って行きました。が、こけたのです。自転車と共にカマキリさんも。かわいそうにカマキリさんの足はブラブラ。
『卵を産みそうやのに、死ぬかもしれへん。』
と、M子は机に向かって泣いていましたが、夜カマキリさんを見てびっくり。何と、卵を産んでいる途中だったのです。M子は家で大騒ぎ。うれしくて仕方なかったようです。私もホッとしました。無事、卵を産んでくれて。」
この文には命の尊さがあり、親の温かさがあり、子どもの願いが詰まっています。
これは私が2年生の担任をしていたときに保護者からいただいた手紙です。
この日、M子ちゃんは、「朝の会のニュース」で、「私のカマキリが卵を産みました。」と、話していました。

しかし、これほどのドラマがあり、これほどの生きものへの思いをM子がもっていようとは私にはわかっていなかったのです。
子どもを理解するというのは何より大切なことです。教師は子どもの24時間の生活のうち、学校での姿や言葉しか知らずにわかった気になってはいけないものだと、つくづく思います。
また、親も家庭での姿や言葉しか知らずに我が子を理解できるはずはありません。家庭教育と学校教育。難しいことは抜きにして「子どものよりよい育ちに目を向けられるか」「子どもの気になる変化に気づくか」。
学期末の懇談会だけでなく、それを親と教師がどれだけ伝えあえるかということではないかと思うのです。しかも、双方向に互いに発信し、受け止めあっていれば、子どもは「自分を見つめてくれる目」を感じるはずです。
子どもって「自分を見つめてくれる目」には、しっかり見つめ返すステキな存在ですものね。

第1章 本当のリーダーシップとは

夢につながる宝のマメ

　私が学生のころの話です。(ほんの少し前のことですが?!)
　鉄棒の腰掛け前回りが課題でした。大学の中に鉄棒がなく、近くの幼稚園の園庭で毎日のように練習しました。それでは、低くてうまくいかないのだと、鉄棒の高さのせいにして、どこの公園でも鉄棒を見つけては、練習しました。それに合格しないと、この大学では小学校教員の免許をいただけないと言うのです。
　私は声の大きさと気の強さだけで、いつも学級対抗のバスケットの試合も出場してきました。実は、小学校時代にはぜんそくで体育を見学することが多かったせいか、生まれつきの運動センスのなさか、鉄棒は逆上がりがやっとの私なのです。やはり、体育は「適時性」と言われますが、するべき年齢の時に練習しないと苦労は後からほど、大きいようです。
　テストの日は迫ってきて、マメはつぶれて血がにじんでも私の体は地面に落ちて、鉄棒の上に座った状態で戻ることはないのです。
　とうとうテスト当日になり、私の番です。私はいつも「だめかも知れない」と、思ったことはなく、「できないはずはない」と思う厚かましい人間です。
　何と、生まれて初めてできたのです。
　「先生、これ初めてです。」
　「君は、正直なヤツやな。そして、運のいいヤツや。」
　と、言われて現在に至っています。
　私は、何の苦労もなく鉄棒ができる人より、幸せな体験をしたマメをつくづく見つめました。
　周りの人を見ていても、ようやくできるようになった経験を持っている人はパワーがあるように見えます。
　この冬大人気のハイパーヨーヨーの小学生全国チャンピオンは、「一日4時間は練習している。」と、言っていました。何でもいい、やり続けてできるようになるっていいですね。
　「継続は力なり」はよく言われる言葉です。「やりたい」と思えば、「できないはずはない」という経験を一つ持っているとそれはきっと次にチャレンジするエネルギーになるのです。
　私の好きな言葉です。
　「人生の中に夢があるのではない。夢が人生をつくるのだ。(相田みつお)」
　夢を持ち、「やりたい」と思うことをできるまで続けて宝のマメをつくりたいと思います。

言葉のみのり

　最近、テレビショッピングの電子辞書が気になっていました。国語辞典、和英・英和辞典で80000語、電卓付きで手軽にカバンに入って9800円というあれです。
　これからの21世紀に生きる子どもの基礎基本は、パソコンと英語が使えることとか・・・。
　私は、以前にも書きましたが、得意の語学はコテコテの大阪弁だけです。学生時代は知識注入、暗記型の英語

学習しかしていないため、意味も考えずただ覚えていた単語があり、どんどん入ってくる英単語の応用も利かず、新聞や書物を広げても「これ、何だっけ？」ということに出会うことがたびたびになってきました。

また、日本語の方も電車の中では知りたかったのに、家に帰ると何を調べたかったのかを思い出せなかったり、パソコンを使い続けている弊害か「漢字がすぐに出てこない病」にも侵され始めているようです。

「欲しいなぁ」と、思い続けて半年。頑張っている自分のごほうびに「えいやぁ」と、買いに行くことに決定。（いつも自分でほめる体質の私です。）

電器店で電子辞書を見ると、『広辞苑』が入っているのは、予算の何と4倍。

しかし、広辞苑230000語、漢和63000語、英和が92000語、和英80000語と単純に足し算しても、80000語が9800円よりもお得かと判断したのです。

店員さんにいろいろ説明を聞いて、1万円は値引きしてくれるとのこと。大阪人のコミュニケーション能力発揮です。（ただ、厚かましいだけ？）

「親切に説明してくださってありがとうございます。これに決めますね。」と、お礼を言ってその後に、もう一押し。

「ここのお店は、『八千代ムセン』でしたね。関係ないとは思いますが、私の名前は、八千子っていうんです。後の端数もう少し値引きできますか？」店員さんは「それが、どうした。」と言う顔もせず、何の計算式をもとにかは不明ですが、しばし電卓をたたいて、

「わかりました。では、これで。」ということで、レジで支払いをしていると、先ほどの店員さんが

「僕の名前は○○です。」と、わざわざ名刺を持ってこられました。

「また、使い方がわからなかったら、○○さんを訪ねてきます。」と、清々しく店を出ました。

今の子どもたちの会話は、単語がポツリ。

「きれた」「むかつく」「べつに」の片言しか話さなかった子どもが大きくなっても、「めし」「カネ」「うるせえ」の片言のままだと、笑えない話が先日の新聞にありました。

子どもたちは就学前の幼児教育では、
①健康
②人間関係
③環境
④言葉
⑤表現

の5領域で構成された集団生活の中で豊かな学習経験をしてきているはずです。

小学生活では、さらにその力を引き伸ばしていくのが私たちの役目です。

ご家庭の中でも、何歳になっても、いや生涯学習の時代においては、大人同士も互いに言葉で表現し、よい人間関係を結ぶ環境をつくり健康で豊かな心で未来を拓いていきたいものです。

もし、言葉で困ったら、いつでも私を呼び止めてください。言葉の表現で獲得したいい電子辞書を常に携帯していますから。

（3）　だれもがスター

「100に続き200平も圧勝！」，バルセロナ世界選手権（2003年7月）で世界新記録で金メダルを獲得した北島康介さんを初めて報じたのは，学級壁新聞だったという。

校内水泳大会のリレーでごぼう抜きをして逆転勝ち。「たった一枚ある一位の賞状は，北島君の力だった。」と，書かれていた。5歳からスイミングに通い，中学時代まで，強い思いとたゆまぬ努力で続けてきた時点でのエピソードである。

その時，学校通信には，何が掲載されていたのだろうか。もしかして，学級壁新聞だけでなく「校内水泳大会」についての記事が学校通信で触れられていたなら，北島君のことが，校内全体に，あるいは校区に知れ渡っていたかもしれない。

その時その時の子どもの輝きを書くことを通して，広めていく役割を担任も管理職も果たすことは大変重要である。

「一部の子どもの賞賛では，不公平になる」とか，「教育委員会主催の大会でないから朝礼で表彰できない」とか，子どもを認めその価値を伝えるのに，ためらうことは何一つない。

また，全員を順番にスターにする機会は，いくらでもある。だれもに与えられたスターの日，誕生日である。

学級通信の「お誕生日号」が発行できる。保育園・幼稚園児代から「誕生日おめでとう会」をしてもらってきたのに，小学校入学と同時にみんなで祝ってくれないなんて・・・（私など，この年になっても，何人の人が「おめでとうコール」をくれるかが楽しみなのに！ついでに，11月9日です。）

「自分の命」を実感できる絶好の機会は誕生日である。

私の担任時代には，どの子の誕生日にも給食の時間にはバースデーソングを歌い，牛乳で乾杯した。また，誕生日の当人には「おかずのお代わり最優先」の特権が与えられた。学級通信ではバースデーカードの代わりにみんなで，本人の「いいとこ見つけカード」を書いて特集を組んだ。

優しい子どもたちから担任である私にもお返しをもらったエピソードがある。

忘れもしない5年生担任の水曜日の1時間目，教室のドアを開けると，家庭科の授業で教室にはいないはずの子どもたちが座っていた。

「あれっ」と，言う間もなく，天井からつるされたくす玉が割られた。その中から，「20歳（2乗）おめでとう。善野先生」の垂れ幕が躍り出した。私が，40歳の誕生日の時のことである。若づくりの担任への気遣いで，「2度目の成人式，おめでとう」というメッセージだった。

「それでは，400歳だろう」という突っ込みもできないまま，にぎやかなクラッカーが打ち鳴らされる中，胸が熱くなった。

しかも，見事な書道の達筆で書かれてある。子どもたちの話によると，毎年，全国の書道展で大賞を獲得する書道の達人Y君が，みんなの推薦で筆をとったという。

また，「クラッカーを学校に持ってくることは，教頭先生に理由を説明して，許可をもらった。」という。授業中に大きな音がするので，3組である我がクラスの両隣の2組と4組の担任にも了解を事前に得ているという。

その後の言葉が泣かせる。

「先生はいつも『楽しいことは，いっぱいしよう。でも，本当に楽しいことは最後まで楽しくて，後であやまったりしなくていいことよ。』って言ってるもんね。」

「先生，心配しなくても家庭科の先生にも『みんな，授業に遅れてきます。』って言って来てるからね。」と，早々に，くす玉のゴミを掃除し片づけてから，家庭科室に向かった36人の子どもたち。

一人教室に残った私は，しばらく感激の涙が乾くことはなかった。子どもたちの計画に理解を示してくださった周りの先生方にも感謝しつつ・・・。

話すこと，書くことを報われるためにしていなくても，必ず報われる。汗をかいて動いている者を，人は決して否定しない。

4　子どもを守る「リーダーシップ」

「学級経営」の中で，教職員は，子どものリーダーシップを育てて，活気ある学級づくりを目指している。

「身を寄せ合うグループはつくるが，なかなかクラスのリーダーが育たない。

児童会や生徒会に立候補する子どもも少なくなっている。」という声も聞く。
　しかし，「学校経営」において，教職員自身は，「リーダーシップ」の発揮を敬遠してきた。原因は組織構造が「なべぶた構造」だからである。説明するまでもないが，校長，教頭がふたのつまみで，あとはみな横並びだというのである。だから，不測の事態には，「集団無責任体制」か「個人の責任」というように，組織とは無縁のところで片づけられることになる。組織の構造的欠陥か，個人の力量に問題があるのか。
　力はあるのに，リーダーシップが発揮できないまま「大過なく」御退職の校長も少なくない。しかし，リーダーシップを発揮すべき時は，危機が訪れたときに証明される。
　キーワードは「何もないときこそ」である。日常的に，平和で安全な時に何ができているかである。学校危機管理マニュアルを作成していない学校はない。ここでは，その作成手順を改めて記述することはしない。問題は今ある学校危機管理マニュアルを機能させるために必要なことは何か，である。

(1) 日常的な責任体制の組織化

　体制はリズムづくりである。教職員は新しい取り組みもリズムができて定着すればやりぬく。むしろ，一度リズムができれば変えることに抵抗を感じるほどに，やり続けることが多い。自分が進んでしてきたわけでないことでも，転勤したら，「前任校ではこうしてきた」と，固執する教職員は少なくない。
　各校で物理的条件に違いはあるものの，学校危機管理マニュアルを活用して，未然防止のために，組織が機能しているだろうか。事が起こってしまってから，機能するのが組織ではない。そのための体制である。
　いつでも，本校でも起こりうる事と考え，しかし，起こさないために備えている対策を考え実行するのが，責任ある組織である。
　大阪教育大学附属池田小学校事件以来，学校の安全管理体制は大きく見直された。悲惨な事件が起こって初めて共通理解できたことがあるのは，何とも筆舌に尽くしがたい痛みがある。教職員の非常時のスキルアップを支える避難訓練や研修会の実施状況はまだ十分とはいえないが，ようやく学校の安全管理として整えられつつある。

(2) 組織として子どもを守る

① 来校者に声をかける。
　来校者に挨拶さえしない教職員がいる学校では子どもを守れない。来校者への関心は，礼儀と共に子どもを守ることである。
② 来校者に名札をつけていただく。
　教職員が名札をつけることに対して「子どもと教職員は違う」などと訳の分からない理由を言う教職員など論外である。まず，自らが名乗るのが礼儀であるように校内の者と分かることは当然である。
　また，子どもが教職員全員を知っているはずもない。「先生と思ってついていった」などという悲しい出来事もある。
　教職員は小さい子どもが触れても安全な名札をつける。来校者は記名して名札をつけていただく。
③ 子どもが見える所に教職員がいる。

　以上の①②③すべてに関連することであるが，事故や事件は，教職員から子どもが見えない時と所で起こる。
　カッターナイフを使用した制作活動中，担任もしくは教科担当がわずかに席をはずした時に発生した事故もある。部活動中，顧問がいないために発生した事故もある。未然に防げないうえ，対応が遅れるからである。
　今だから言えるが，私が低学年担任の時は，体操服の着替えも水泳指導の水着の着替えも教室でバスタオルにくるまって，更衣を済ませることがほとんどだった。
　情けないが，トイレに行くのを我慢して，何度か膀胱炎にもなった。
　だれしもこういう思いをしながら，仕方なく教室を離れる。もはや，担任や担当個人で努力して，改善できる時代ではない。特に障害をもつ子どもへの支援体制は，強化していく必要がある。
　そのことを理解して「校内の安全協力隊」の支援をお願いしたい。
　すぐに対応できるだれか大人が近くにいることを体制の中に組み込むべきことである。
　見張りや監視ではない，子どもにとっての安全対策を日常的に組織化するこ

とである。
　以下，組織化の具体例を挙げる。
○登校から下校までの校門警備
　「おはよう運動」や服装チェックを目的として交代で立ち番をすることとは違う。警備を目的とするシステムが必要である。
　校門前に監視所を設置した大阪府摂津市の取り組みは全国的にもまだ珍しい。
○始業前の校内の警備
　共働き家庭で，早朝から登校する子どもも増えている。教職員がだれもいない中での登校さえあることを踏まえたサポート体制を整える。
○休憩時の校内の警備
　常駐のＰＴＡ委員の役割の検討
　ＰＴＡ活動室の整備とともに，日常的に子どもの安全をサポートする協力体制をＰＴＡ安全委員会に位置づける。
○放課後の校庭・校舎内の警備
　地域のシルバーサポート等の人材活用を図る。
　「校庭開放委員会」の平日活動の拡大化を促進する。

(3)　危機を避ける第一歩の判断力

「これが危機である。危機につながる第一歩であるという認識をもつこと」
　この判断力は非常に大切である。この判断力がないために，初期対応に遅れが生じ，こじれにこじれ，何年間も裁判を起こしている例は後をたたない。
　また，事件事故への対応と自然災害時への対応との分類も明確にしたい。そして，判断力は情報発信力という形で届けられなければ，せっかく発揮した判断力は生かされない。
　2003年7月29日朝日新聞の朝刊によると，東海地震について，中央防災会議は7月28日，地震防災基本計画を見直し，地震の予兆をとらえた場合は，発生の切迫度に応じて「観測情報」「注意情報」「予知情報」という3段階の地震情報を公表することを決めたということである。
　これまでは，地震発生の可能性が高くなった段階で防災機関の職員を緊急に呼び出すなどしていたが，首相が「警戒宣言」を発令するまでは，住民の避難

などの防災活動を始める仕組みにはなっていなかったという。

　学校の防災危機管理と重ねてみたい。学校の災害時における情報提供は，どうだろうか。定期的に「避難訓練」は実施され，安全点検はされているか。

　その前後についての見直しは，十分と言えるかということである。まず，「避難訓練」の前の情報提供の在り方である。

　どの時点で，「避難」するかというと，まさに事が起こってからの情報にならないために。校区で，「事件が発生した」場合を想定する。

① 　ニュースをキャッチする。―まずは受け止める学校であること―
　　日常的に外部からの情報が入りやすい信頼関係のネットワークが大きい。地域で起こった事件をニュース速報やワイドショーを見ていた保護者からの情報が子どもを救う第一歩だったというケースも聞く。
② 　情報を収集する。―おたずねとお願いのワンセット―
　　正確な情報をスピーディに収集する。
　　事によって，警察，防犯委員会からの情報収集と同時に協力の依頼をする。
③ 　近隣の学校との連絡をとる。
④ 　集団下校体制をとる。
⑤ 　人的配置を確認する。
　　「観測情報」「注意情報」「予知情報」を得て，窓口を一本化して情報を集約する。

　子どもを無事に送り届けた確認報告までを「避難訓練」に組み込んだ徹底した体制が必要である。

(4)　「見える学校」にする決断力

　次に，学校の「荒れ」から正常な学校に立て直した取り組みの一部を紹介する。

　苦悩の末，決断した校長の言葉は，「見えないから，批判が生まれる」であった。その中学校は，特定の学年の「荒れ」が広がり，授業が成立せず，暴力事件が頻繁に起こっていた。校内で体制を組み，改善の努力もしてきた。しかし，保護者の不満と抗議は強まっていくばかりであった。さらに，子どもたちの不安が広がり，教職員は全力を尽くしているだけに，疲労感が広がった。どこで悪循環の連鎖を断ち切るか。

校長は「見える学校」にする決断をした。危機脱出策は全面公開であった。
「公開授業」への取り組みは，一定期間，特定の対象者で実施されることはよくある。

しかし，これは「すべてオープン！見てもらいましょう。ありのまま」作戦を実施したのである。

かくして教室は毎日が参観日になった。保護者は学校に行ける日の行ける時間にやって来た。ＰＴＡ役員の協力体制で学校には輪番で常駐体制が組まれた。授業中に廊下に出ている子どもに，来校者みんなで教室に入るよう声をかけた。「うるさいなあ。」と言いながら，教室に入っていく。

小学校からも元担任たちが気になって駆けつけた。自分の授業のやり繰りをして，空き授業に中学校にかけつけた。クラスの清掃時間を管理職に応援依頼して，その間に中学校に駆けつけた。

卒業生に「あなたたち，何してるの？」小学校の時のように一緒にほうきを持って掃除をした。

放課後は，担任している児童を下校させた後，会議までのわずかなすき間に中学校に駆けつけた。一時は，子どもの数より大人の数の方が多くなるほどだったとも聞く。

子どもが急に変化したわけではないけれど，少なくともこの中学校の先生方が，どれだけ一生懸命取り組んでいるかは，保護者も地域住民も理解できた。子どもの実態も把握できた。家庭がやらねばならないこと，地域ができることも少しずつ見えはじめた。単に，学校を責め追求し，不安をあおるような心ないデマも次第になくなっていった。もちろんここでは触れていないが，関係諸機関との連絡や協力は，あらゆる所とつながっていた。

決断はこれまで述べてきたように，判断力と分析力に支えられているが，時期が重要である。

どのポイントで，スピーディに判断するか。そして，抱え込みは学級担任だけでなく，学校総体としても避けなければならない。

それは，「丸投げ」や「アウトソーシング」ではない。学校が主体となって，実効ある体制を学校，家庭，地域，産・官・学，関係諸機関と積極的にマネージメントするということにほかならない。

「恥をかく」ことを避け，学校への批判を恐れて，閉ざす学級担任を見抜け

なかったり，働きかけられないのは責任あるリーダーではない。本当に恥ずかしいのは，「事実を隠したり，偽ったりすること」である。

(5) 行動力「何もないときこそ」のススメ

学校に対する「子どもの安全は守られているか」という保護者の不安は，大きい。それだけに今，学校は「子どもを守る」ための労力を惜しんではいられない。

学校だけの対応では限界があることは明白であるが，学校として成すべきことをまず実践したい。

事が起こったときの初期対応，迅速な行動力は「見通しをもった行動」に裏付けられている。

「何もないときこそ」過去の反省を生かしたり，未然防止の重要性を教職員が伝え合い，子どもへの伝え方を有効に研修し，実践したい。

教職員はそれぞれに，自分の経験や前任校までの貴重な体験をもっている。私自身も，大阪教育大学附属池田小学校事件の20年以上前に恐怖の体験がある。職員室にいきなり入ってきた青年に私は押し倒された。職員室の先生方が青年を取り押さえて事なきを得た。当時，その暴漢が卒業生だったかで，大きな傷害事件にもされずに処理されたと記憶している。新任教諭の私のショックは大きかったが，運よく何人かの教職員が残っている職員室であり，子どもたちに被害が及ぶことがなかったことにホッとする思いだった。しばらくして，その青年の保護者が，私に謝罪に訪れた。

しかし，事後処理はそれでよかったのか。事後指導や学校安全体制の見直しに生かされて検討されたという記憶は，ほとんどない。私自身も心の傷を負った一担任でしかなかった。（見かけの気の強さのせいか，そうとさえ見られなかったが・・・。）

それから，数年後，次の赴任校で鉄パイプを振り回した男が休憩時間に乱入した。

暴漢は廊下から教室のガラスを割りながら走っていく。何人かの教職員が一斉に追いかけた。

それを知って職員室に行った私は，マイクをとって，「教室にいる皆さん，かぎをかけて，廊下側から離れなさい！」と叫んだ。警察がかけつけるまでに

第1章　本当のリーダーシップとは

教職員の協力によって、暴漢は取り押さえられた。子どもたちには一切けがはなかったとはいえ、恐怖体験という心の傷は大きかった。

これまでは、さまざまな状況の中、配慮という言葉のもとに、学校で生じた事件が封印されることが多々あったのではないか。だれかを責めたり、不十分さをあげつらうのは筋違いである。教職員がこれまでの「ヒヤッとした経験」から反省を共有し合って、経験を生かすのが「学習」である。

「ちょっと気になること」を出し合って日常の中で即対応策を実践していくことが必要である。「未然防止」から「再発防止」までが一連の危機管理であることを「何もないときこそ」再確認したい。

大阪府警の調べによると、2003年の1年間で、小学生以下の子どもがねらわれた事件は438件あり、学校への不審者侵入事件は114件あったという。何と3日に一度起こっていることになる。

先に述べた私自身の過去の体験からも、不審者の侵入に対して、学校全体に情報を瞬時に伝えながら子どもを避難させることは、本当に困難なことである。たまたま全校放送ができる職員室の近くにいたために、学校全体に情報伝達できたのである。

各学校で、不審者が侵入したときを想定して訓練を繰り返すことは、火事や地震を想定した訓練以上に必要になってきた。

侵入以前の対策として、防犯カメラの設置がある。しかし、そのカメラを常時監視する監視員の人的配置はほとんどなされない。校門の施錠はしても、乗り越えられない学校の門のほうが珍しい。やはり、そこには常駐の警備員がいなければ防ぐことはできない。

毎日、保護者と教職員が付き添って、子どもの登下校を守るというのも恒久的に可能な体制とは言いがたい。

事件が起きたときだけ、一定の期間というわけにはいかないのが、子どもを守るということである。

私が教頭であった学校のPTA安全委員会の取り組みの一つに「地域の安全マップ作成」があった。市内でも有数の広い校区であったが、危険個所を点検して書き込まれた重要情報である。作成のプロセスは、歩き回っては点検し、同時にパトロール活動もされていた。「親が子どもを守るのは当たり前」という意識が育つ地域であった。

しかし，保護者が共に仕事をもつことが多くなっている現在，一部の協力者に負担が偏って大きくなる問題がある。「聴くことで，信頼を築く」ところでも触れたが，子どもの下校時に保護者だけでなく地域の在宅者が，散歩したり，通学路に出て子どもを見守るということは，継続可能な一つの方法である。
　また，地域によっては，商店街に協力を得て，出前の自転車やバイクに「地域安全パトロール中」の旗をつけていただくという策もある。「子どもの登下校見守り隊」を各町会で名乗り出てもらい協力を得るという方策を学校がマネジメントすることが必要であろう。
　先の，私がかつて勤めたその校区では，「帰り道に，○○君がいつもいじめられている。」と，地域の方から電話をいただいて，走って行ったこともある。それは，安全面だけでなく，生活面や人間関係づくりにもさまざまな効果を生み出すことになる。顔を見合わせて，声を掛け合い，歩き回ることを惜しんではならない。
　保護者や地域住民にその「価値を伝えること」に汗をかくのが学校の役割であり，「信頼」につながることになる。

5　やめていくベテラン教師たち

　朝日新聞2003年4月20日朝刊の「やめていくベテラン教師たち」によると，公立小中学校で2002年度，東京都では50代の教師約5000人が早期退職制度で去った。大阪府でも2000年度，同様の制度で約1000人がやめた。埼玉県では，2001年までの3年間に約9000人がやめた。全体の約3％だという。
　残念である。本来，経験を積み，子ども理解を深めている専門性の高いベテラン教師が学校教育の要となって学校経営が改善され充実していくものではないか。その強い味方であるベテラン教師に学校経営に参画する意識とチャンスをはぐくんできたのか。確かに，長年の経験年数が，硬直化と画一化の教育観を生むだけになってしまった人もいる。
　これまでの教育方法や教育技術しかもたず，黒板を背にチョークを握れば教育をしている「先生」と呼ばれると勘違いしたままの人もいる。また，子どもとかかわることをせず，機器と向き合い，テレビ会議等の情報機器を使っただけで，授業の工夫・改善と勘違いしている教職員もいる。口を開けば「今の子

どもは・・・」「その親は・・・」「ウチの校長は・・・」「教育委員会は・・・」としか言えない人もいる。「・・・」の部分に，批判と愚痴しか述べない方に早々に退場していただいたのなら，結構なことである。

そんな人を教育者とは呼ばない。だれよりも子どもがかわいそうである。同じ1年間をどう過ごすかを，子どもが選べるすべはない。

学校には「信頼」を構築するために努力する教職員がいる。何歳になっても，子どもとかかわることに愛と熱意と使命感をなくさない教職員がいる。そんな方には，退職後の再任用，そして特別嘱託職員として制度が可能な限り残る働きかけをしていくことも大切である。

6　「力」と「ハラ」と「心」と

リーダーシップを発揮するには，「力」と「ハラ」と「心」がいる。

「力」に要求されること，いわゆる「ヒト・モノ・カネ・情報」を管理するだけでなく集める力と活用する力である。

「力」を典型的なトップダウン方式による学校経営だと考えたときに，リーダーシップ機能は損なわれる。

「ハラ」とは，「ハラをくくる」ことと「ハラづもり」の両面がある。最高責任者である人が，責任をとるということをいつも自覚しつつ，教職員が子どもの育ちのために新しくチャレンジすることを応援することではないか。

小学校に「生活科」という教科が創設された平成2年，研究会で口々に出た教師の悩みは「管理職の理解のなさ」だった。

安全への配慮を理由に，校外での活動はことごとく制限された学校もある。その時こそ，これからの学力と学校教育への共通理解のチャンスであり，地域の教育力を高めるチャンスであったのに。

ここで私の「わがままエピソード」を紹介する。

いつも，次年度の学年編成を悩むことなく組閣できる管理職はいないであろう。

私が3校目に転勤したのは，生活科の移行期であった。新しい教科の新設で，それまでカリキュラムユーザーであった教員が，カリキュラムメーカーになる責任と自由を担った。教科書ができるとはいえ，子どもの生活からスタートし

たこの教科はこれまでの教科の大系から降りてきたものとは大きく異なっていた。

　幼稚園の未分化な子どもたちが分化していく時期の大切な学習である。幼稚園と小学校の段差をつなぐ重要な学びの変革である。小学校1・2年生から社会科と理科という教科が消え、新たな生活科という教科が創設された。

　私は、移行期以前からその研究をする機会と仲間に恵まれた。低学年理科や社会科の魅力的な授業の達人である素晴らしい先輩の先生方からこの教科の趣旨を学んだ。

　現在の子ども理解に立てる授業づくりの基礎を私の中につくってくれたのは、この教科との出会いだと、言い切ることができる。

　しかし、「生活科があらゆる子ども理解の基盤となる教科である」という理解の土壌はまだ育ってはいなかった。現在でも、それは十分とはいえない現状である。

　当時の校長が、春休みに私を校長室に呼ばれた。高学年の担任が決まらず苦労されていたらしい。

　「次の5年生担任は、あなたしかいない。」と、言われた。

　生活科の移行期を経て、本格実施の年のことである。授業時間数が確保されて、今まで模索し、試行してきたカリキュラムをやっと実施し、本校の年間計画を確立しようという時になんてことを・・・。校長に見込まれたのかもしれないなんて喜びは、みじんも感じなかった。

　「校長先生、適材適所という言葉をご存じですね。私しか5年生担任はいないなんて本校の職員のどこを見ておいでですか。」

　今から思い出しても私は失礼なヤツである。しかし、続けた。

　「私は、来年度は1年生担任をして、本校の生活科のカリキュラムを確立させます。昨年までの実践をもとに、改善できるのは私です。そして、1・2年生を担任して、その次の年にこそ、自分で希望して5年生担任をします。それは、昨年まで担任していた子どもが5年生になる年度です。生活科という教科が、どう高学年に学びを連続させるかの検証をします。」

　たぶん2時間近く、校長は私の説得に当たられたと思う。

　結果、私はその年、生活科完全実施元年、晴れて、1年生担任となった。翌年は2年生担任で、生活科研究会全国大会の公開授業をした。そして、翌年は

第1章　本当のリーダーシップとは

有言実行である再びの出会いの子どもたちの5・6年生を担任して，育ちの連続を見取る幸せをいただいた。

その実践は，現在の「総合的な学習の時間」の基礎的な考えになっている。

こんな私の構想を実現させていただいた。いくら人材豊富な学校の人事であったとはいえ，ずいぶん強引な自分の構想を実現させていただいた。そればかりか，大阪府内で最年少の教頭への道への第一歩を薦めてくださった。

ハラをくくって，かなり新しい試みに反対もせず，見守って育ててくださった当時の南光校長，川崎教頭あっての現在の私である。

企業は近年，年功より個々の発揮能力に評価の重点を置き始めているという。

「ミスマッチ」という言葉，それは新卒採用者の3割が3年以内に離職することの意味である。

早い時期に活躍できる人材を発見する目的で行動特性や対人関係などを重視する採用法の導入が進んでいる。

過去の業務実績にこだわり自己のイメージに固執している社員事業方針の理解，自己変革ができない人のための再教育の機会も設けている。出身校やセルフイメージと業務上の成果との不一致で悩み，うまく適応できないということがある。

学校現場には，「授業づくり」に燃え，睡眠時間を削り，休日もなく，命さえかけんばかりの熱意ある教職員がいる。

ＮＨＫのプロジェクトＸで「日本の英語教育を変えた教師たち」と，すぐにでも放映されそうなすばらしい授業で子どもたちを引き付けて離さない教職員がいる。「6-way Street-何を考え何を学ぶのか」(http://www.nakama.tv/)を参考にされたい。

その一方で，「燃え尽き症候群」と言われる退職までを即カウントできる教職員もいる。初めから「でも・しか」で教員になったわけでもない。途中から管理職をめざすことをやめたことがきっかけの人もいる。認められることを放棄して，自分の趣味に走り，子どもにかかわる力の付け方への興味を衰えさせていった人・・・それでも，給与に変わりはない。

教職員に対しての心あるリーダーとは，どういうものなのだろうか。

自分の保身のためではなく，教職員の力量を評価者として適切に客観性，妥当性をもって評価できるということである。その事実を教職員に伝え，意欲を

喚起する働きかけができるということである。

　心ある評価はいつも「おほめの言葉」ばかりとはかぎらない。「ほめる」という行為は、時に評価者の価値や期待に添ったときに、発せられる情意である場合もある。

　むしろ、「ほめる」よりは、「喜ぶ」ではないか。本人が喜んでいることを共に喜んでくれることが最高の承認である。「よかったね」の言葉を体中から発してくれる人は、心あるリーダーになってくれる。「指示」でなく、「支持」してくれる人に「師事」したいということである。

　反対に、「喜べない」ことをどう伝えるかは、難しい。しかし、伝えるべき事なら何としてもうまく伝えなければ、「逃げ」でしかない。

　「好かれる管理職になろうと、思ったらいけない」

　管理職試験を通ったばかりの私に、尊敬する教頭から、告げられた。たぶん八方美人ならぬ、「360度美人」的な私の性格を見抜いていたからであろう。

　その時に嫌われようとも、誠意をもって反対する。説得ではなく、納得させる。「言わなければよかった」と後悔するよりも、「こう言えばよかった」と反省したい。決して陰で言わず、面と向かってしか言わない。共に喜べないことの対応は、簡潔に、そして言い訳がましく、とりつくろわないことだ。

　その人の過去を知り、現在を認め、しかし、これから向かう未来への方向に違った意見を伝える。人格の否定でもなければ、保身のための反対でないかぎり、必ず伝わる。そして、「子どものため」という共通理解があるかぎり。自己改善は、双方が行わないかぎり、子どものための新たな未来は開けない。

　「この人にはついていける」そう思えるリーダーに出会えるのは幸せである。

　そして、それぞれの立場でリーダーになるとき、自分がそうであるかをいつも問い直したい。「心」が表に出るのは、人格見識が表に出ることだから。

　この第1章では、「汗かく、字を書く、恥をかく」ことを通して、本当のリーダーシップをどう発揮して、信頼される学校マネジメントしていくかを述べた。

　次の第2章では、学校経営の要諦であり、原点である「学校教育目標」について述べていく。

第2章 始まりはビジョンづくりから

~学校教育目標を見つめ直す~

学校教育目標の設定は，学校経営の要諦をなすものである。
　第2章では，学校教育目標の設定について方向性を示し，改訂の手順とポイントを述べていく。また，管理職と教職員がともにつくる学校教育目標の在り方を示したい。

1　夢を力にして学校教育目標をつくる　－「鉄腕アトム」誕生－

　「鉄腕アトム」誕生は，2003年4月7日である。生みの親である手塚治虫さんは，実は機械操作がとても苦手な人であったらしい。これは，息子の手塚真さんが語っていた話である。
　　「父は，テレビの録画さえ，母に頼んでしてもらっていた。また，1000円札しか持ち合わせていないときも，切符の券売機の前で，どうしようもなく立ちすくんでいたということさえ，日常的であった。」
　また，付け加えて，こうも語られた。
　　「あれほど愛情あふれる人はいなかった。自分はそれが，ふつうだと思って育ったが，手塚治虫という人は，その愛情をだれもに注ぐ人でした。」
　手塚治虫さんが「鉄腕アトム」の連載を始めた1952年から半世紀が経つ。ようやく二足歩行のロボットや感情に反応できるロボットはつくられた。しかし，「アトム」はまだ現れていない。これほどまでに先を見通す力はなんだろうか。
　実現可能な技術が自分に備わっているかどうかということが問われるのではない。まず，夢があること，こうあって欲しいという願いがあることが大切なのだ。そのことなしに表現されるものはない。夢が力になる。夢を力にしたい。
　夢と願いを形にする表現力とあふれる愛でリーダーシップを発揮して，学校組織を機能させていきたい。
　学校組織を機能させるための基軸となるのは，学校教育目標である。まず，学校教育目標の設定について論を進めていく。

2　共有できる学校の未来像をつくる　－教育関係審議会の提言から－

　学校教育目標の設定のためには，学校の未来像を共有してビジョンをつくることが大切である。ビジョン（vision）とは，将来への見通し，未来像である。

学校のビジョンをクリエイトするとき，夢と願いと愛をベースに，現実の情報を冷静に分析することが必要である。

「学校のビジョン」という，いわば目指す旅路の目的地とその旅の目的を明確にしないで旅立つものは，いないはずである。

しかし，次のような学校はないだろうか。

○周囲からせかされて，旅立たざるを得ない「列車飛び乗り型の学校」

○目的をもって旅しているとは言えず，ただ天候と相談しながら波間を漂って航海している「漂流型の学校」

○勢いよく発射したものの，途中で「燃料切れロケット型の学校」

どの乗り物にも，今しか乗れない大切な子どもたちが乗っている。払い戻しは利かない。十分な安全点検をして旅立ちたい。

旅路の目的地とその旅の目的は学校が主体となって決定する。そこで，求められている方向を確認しておきたい。

次に，最近の教育関係審議会の提言を列挙することにする。

① **中央教育審議会答申「今後の地方教育行政の在り方」（平成10年）**
　・校長の人事権限の強化
　・校長の財政権限の強化
　・学校経営についての説明責任
② **教育課程審議会答申（平成12年）**
　・学校の自己点検・自己評価
　・学校評議員制度による説明責任
　・自己点検・自己評価の内容，方法，公表の在り方につての研究開発
③ **教育改革国民会議提案（平成12年）**
　・地域の信頼に応える学校づくり
　・開かれた学校づくりと説明責任
　・学校評価制度（外部評価を含む）の導入と学校選択
　・保護者，地域住民の学校運営参加
　・企業による保護者への協力
④ **中央教育審議会答申「今後の教員免許制度の在り方について」（平成14年）**

・信頼される学校づくり
　　・学校からの情報提供の充実
　　・授業の公開の拡大
　　・学校評議員制度等の活用
　　・学校評価システムの確立
　　・新しい教員評価システムの導入
　⑤　文部科学事務次官通知「小学校設置基準及び中学校設置基準の制定等について」（平成14年3月29日；13文科初第1157号）

　以上をふまえて，これからの学校教育目標を見つめ直したい。
　「開かれた学校づくりと説明責任」，「信頼される学校づくり」，「学校からの情報提供の充実」これらのキーワードをつなぐと，学校教育目標の設定について，必要なことが見えてくる。
　学校が信頼されるためには，どのような目標をもって学校経営をしているのかを保護者や地域住民に分かりやすく示すことが求められている。そのことで，支援や協力を得ながら理解を深め，説明責任を果たすことができる。それらの学校，保護者，地域をめぐる流れのよい循環が，学校への信頼を築くことになるのである。

3　言ってみてください，学校教育目標

　一字一句間違わずに学校教育目標が言えるかの調査をしてみたい。学校の外に向かって，情報提供を充実させる前に，校内はどうだろうか。
　まず，校内での実態を把握してみよう。たぶん，教職員に対して調査するだけで十分だろう。教職員が学校教育目標を言えない学校なら，保護者に問うまでもない。
　内容はともかく「全員が学校教育目標を言える」という学校は，目指す方向にみんなで向かっていることは確かである。
　研修主任が，研修テーマを一字一句間違わずに言えても，学校教育目標は言えないことはよくある。本来，研修テーマは，学校教育目標を具現化したものなのはずである。

これまで学校教育目標は，見直しが行われなくても批判されることはなかった。極端にいえば，そのまま何十年変わっていなくても，指摘されることはなかった。
　確かに，どの学校も「年度末反省会」の第一項目に揚げて，見直してきた。
　その年度末になってから，「あー，うちの学校の教育目標は，これだった。」という認識を，初めてもつような教職員もいる。
　1年間，何に向かって，汗を流してこられたのだろう。教科書を隅々まで教え終わることには熱心な教員の場合でも，教育目標を意識した授業の工夫・改善は，なかなか見られない。
　一定の方向性が明確な日本には，国の基準がある。先述のように，さまざまな教育関係審議会からも方向性が示される。
　しかし，地域の特性があるにもかかわらず，学校教育目標は，全国津々浦々「たくましく心豊かで，自ら進んで・・・」と，あまりにも似かよった文言が並ぶ。
　学校教育目標の共有の希薄さが，学校の多忙感を増幅させているのではないかと思う。
　一人一人の教職員が違う方向に荷物を引っぱりあげて，物理的に見てもエネルギーが無駄になっている。
　さて，学校教育目標の設定に当たっては，現行の学校教育目標の全否定ではなく，これまでの評価と達成度を伝えることがまず必要である。そして，改訂の文言とその根拠を示す。
　前年度までの評価と達成度をまず分析したい。しかし，実際は前年度までの教育目標と対応した評価項目を計画の中に設定されて実施した学校はまだ少ない。
　これまで，その学校にかかわってきた全職員の努力は計り知れないものであるに違いない。きちんと敬意を表して触れておきたい。
　以下に，学校教育目標の設定に当たっての必要項目を示す。
　（1）学校教育目標設定の理由
　　　〇現行の教育目標の説明
　　　〇今年度からの教育目標
　　　〇改訂する根拠

（2）目指す子ども像設定の理由
　　　○現行の目指す子ども像
　　　○今年度からの目指す子ども像
　　　○改訂する根拠
　（3）目指す学校像設定の理由
　　　○現行の学校像
　　　○今年度からの目指す学校像
　　　○改訂する根拠

　上記に添って進むうえで，いつもネックとなるのが「根拠」である。

　やはり，この根拠として客観的なデータは「学校教育自己診断」などの学校評価である。アンケートさえすればいいというものではない。しかし，問うことをしなければ「分かっているつもり」だけである。

　本当に「問わずとも，分かっている」のならば，問題もズレも起こらない。

　問題やズレが起こり，努力が徒労感に終わってしまうのは，常に「分かったつもり」だから起こる「分かっていない」ことがあるからである。

　また，現行の学校教育目標と通知票は整合しているかという点も確認しておきたい。

　通知票の表紙に学校教育目標が印刷されている学校は多い。しかし，中をあけてみて「それは，それ」という学校もある。本の表紙と中身が違って納得する読者はいない。

4　学校教育目標の改訂

　学校教育目標は「眼前の子どもについて，これを育て上げようとする望ましい人間の姿についての具体的な『めあて』である。」(上滝孝次郎ほか『日本の学校教育目標』ぎょうせい，1978)とされている。

　まず，「学校教育目標」をいつも机の引き出しからではなく，口から，頭から取り出せるか。つまり，いつでも，だれでも，どこででも言えるかということである。

　学校教育目標は，校長が決定したはずだが，お尋ねしても校長が答えられないということも，実際にある。

年度末に次年度の方向として，「学校教育目標」の検討を行う際に，職員室にも会議室にも，学校教育目標が掲げられていない。

「何だっけ？ウチの学校の教育目標は？」ということはないだろうか。「何校もの学校教育目標が重なってしまって・・・」と，経験年数の多さを言い訳にしてみても，「豊かな心でたくましい・・・」しか出てこないという話もまれではない。

「校長室の奥の額にセピア色になって入っていたはずだ・・・」年度当初の職員会議で配付された教育計画と共に机の奥底をゴソゴソ探し出す。それはないでしょう。

目標を意識しないで日々の教育活動を行い，目標にたまたまたどり着くなんてあり得ない話である。

毎朝「みなさんで御唱和」しないまでも，常に見えるところに掲示しておきたい。教員，養護教諭，学校栄養職員，事務職員，用務担当，調理担当員等の技術職員，つまり子どもにかかわるあらゆる教職員が即座に答えられることが必要である。

そして，毎日登校する子どもたちはもちろんのこと，保護者や地域住民に見えるものとして掲げられていることも必要である。

いくら年度初めの学校通信で配付したからといって覚えていただけるものではない。

地域ボランティアの方たちにも「こういう教育のために，一役を担っているのだ」と，学校に来るたびに意識しかかわっていただくことが大切である。

ある学校を訪問して感動した。「学校教育目標」が，校門を入ってすぐの児童用昇降口にも，正面玄関にも掲げられていた。しかも，そのぬくもりが感じられる木製のものは，地域の方が手彫りで作成されたものであった。

教育目標の文言の検討もさることながら，その後どこにどう掲げるかまでが，大切だと痛感させられた。

次に，学校教育目標改訂にあたって，以下の5点を確認したい。
①育てたい子ども像の提案をする。
②育てたい子ども像を共有化する。
③評価項目が設定できる目標にする。
④分掌，担当レベルの具体化が可能な目標にする。

⑤　覚えやすく，言いやすい表現にする。

　①については，育てたい子ども像の根拠が求められる。それは，実態に基づくものと願いに基づくものがある。先にも触れたが，実態に基づくものとして，学校評価や学力実態調査，健康・体力調査等のさまざまな客観的事実が根拠となる。しかし，ここで難しいのは，学校評価はまた，学校教育目標に基づくものにあるという堂々巡りである。しかし，まずは「提案する」というところから始めたい。

　次に②の「育てたい子ども像を共有化する」ということは，教職員の願いとする子ども像を明らかにすることでもある。その作成のプロセスにおいて，教職員の専門性と日々の子どもの実態把握が加えられていくことになる。

　どの教職員もプロである。だからこそ，子どもの実態把握，分析力を発揮したい。学校規模によって，コーディネートの仕方は変わってくるが，共通のイメージをもつためのプロセスの基本は同じである。

　ア．話し合いの目的を確認する。

　　　「本校で育てたい子ども像」を明らかにする。簡潔に文章化する。キーワードを出し合う。

　イ．話し合いの手順を確認する。

　　　ここで現状についての話し合いはもたない。

　　　しかし，事前に学校評価の子どもと保護者の結果とその分析を終えているということも重要である。学校評価の実施についての詳細は，第3章以降で述べるが，実施していない学校は，それに代わるアンケートでもよい。

　ウ．学年集団ではないグループで，ＫＪ法*による子ども像をまとめて，発表し合う。

　　　（＊ＫＪ法：川喜多二郎氏創案による発想法。異質のデータや情報を統合することによって新しい発想をしたり，アイディアを創り出す方法）

　③の「評価項目が設定できる目標にする」ということについては，特に不十分な事が多い。目標と言うからには，達成したかどうかの評価できることが重要である。

　しかし，「豊かな心」を何で達成したとみるのかは漠然としている。「自らすすんで」という表現も「何をもって自らすすんで」とするかの具体的な評価項目と評価方法が準備されてこそ目標となるだろう。向上目標は，あって良いが

イメージだけに終わることは考え直したい。

　④⑤については，説明を付け加えるまでもない。大きな意義は，実はこの作業を通して教職員が確認し合うことである。これまでは，学校教育目標の具現化のために校務分掌や学年・学級の取り組みが連動していなかったとこに気づくだろう。

　当然，学校が主体となって教育目標を改訂するが，保護者や地域住民の願いを反映したものかも確認したい。

　「こんな子どもに育てたい」をテーマとして，教職員代表，保護者代表，地域代表がそれぞれ2名ずつくらい壇上にあがり，パネルディスカッションをするのもよいだろう。フロアの参加者を交えて協議していくことも意義あるものになるだろう。

　改訂作業の基本として，過去の文言の見直し，削除，追加という部分修正でよいだろうか。先の5点の検討すらしない，検討しても校内完結で満足しているのでは，評価の裏返しとなる目標にはなり得ない。

　ほとんどの校長室には，明治以来の歴代校長のモノトーンの重厚な写真が並ぶ。カラー写真になったころから，加速度的に学校へのニーズとそれに対応したビジョンづくりの明確化が求められてきた。

　「少しずつ，修正していくにしても，すっかり変えるというのは，なかなか難しいし，勇気もいる。」という悩める校長の言葉もよく聞く。

　しかし，歴代校長の写真にもきちんと説明できるように教育目標を改訂するということは，これまでの学校の歴史をふまえ，未来に向かって仕切り直しをきちんとするということである。

　それには，気合いと共通理解と手順とが必要である。気合いとは，「何も私の代からしなくても・・・」と，ある意味避けてきた過去をなぞることなく，アクションを起こすということである。

　共通理解とは，単に理解することにとどまらず，「共通のものさし」をもつことである。度量衡は共通単位が便利である。共通単位ならば，換算するうちに計算間違いが生じることもない。ものさしは共通でなくては意味がない。

　全教職員が同じものさしをもっているか。それは，「学校教育目標」に対する評価規準である。学校教育目標が達成できたか，年度末に教育活動を振り返るものさしになる。その「ものさしづくり」までできたときに，学校教育目標

改訂の成果は見えはじめたと言える。
　これまでのポイントを整理したものを以下の図1（学校教育目標改訂の要素）に示すことにする。

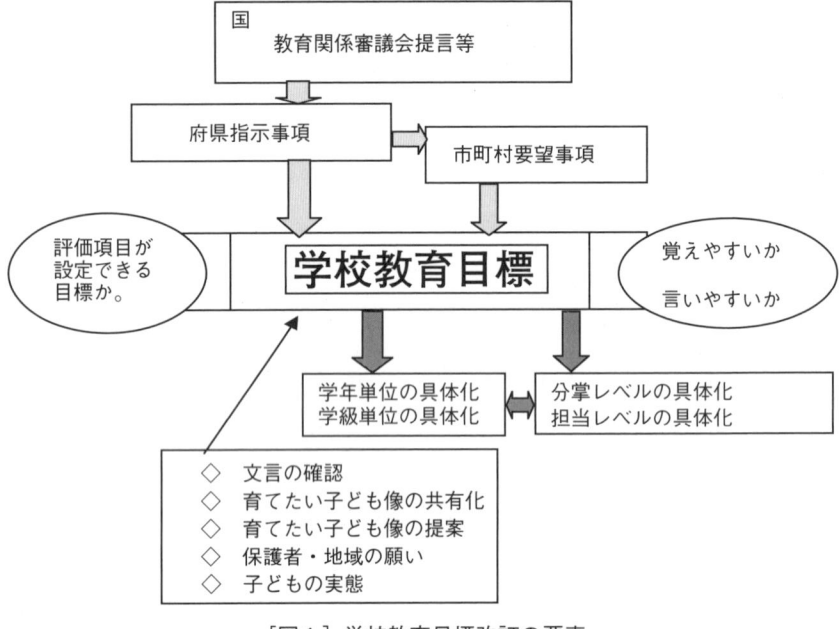

```
                    ┌─────────────────┐
                    │ 国              │
                    │ 教育関係審議会提言等 │
                    └────────┬────────┘
                             ↓
              ┌──────────┐      ┌──────────┐
              │府県指示事項│─────→│市町村要望事項│
              └────┬─────┘      └─────┬────┘
                   ↓                   ↓
  ┌────────┐   ┌──────────────────┐   ┌────────┐
  │評価項目が│   │                  │   │覚えやすいか│
  │設定できる│ → │   学校教育目標    │ ← │言いやすいか│
  │ 目標か。 │   │                  │   │         │
  └────────┘   └────────┬─────────┘   └────────┘
                    ↓           ↓
          ┌────────────────┐ ┌────────────────┐
          │学年単位の具体化  │ │分掌レベルの具体化│
          │学級単位の具体化  │ │担当レベルの具体化│
          └────────────────┘ └────────────────┘
              ◇ 文言の確認
              ◇ 育てたい子ども像の共有化
              ◇ 育てたい子ども像の提案
              ◇ 保護者・地域の願い
              ◇ 子どもの実態
```

［図１］学校教育目標改訂の要素

5　変化に応じて対応できるビジョン

　環境の変化に応じて対応できる能力を21世紀に生きる子どもに求めている。私は20年程前，初めてパソコン研修を受けた。「この機種の作動の仕方を覚えても意味がありません。同じ機種が学校に入札されるとは限りません。また，同じ機種が，たまたま入ったとしても，すぐに新しい機種が1年後，半年後と変わっていく時代になるでしょうから・・・」
　では，私は何を学んで帰ればいいのかとその時は不安になったものである。
　しかし，あの時の講師が言われたことが現実であるということが分かる日はすぐに訪れた。

ビジョンは，変化に対応する柔軟さと併せて，ポジティブにつくっていきたい。

いくらビジョンを示しても，ひとりよがりのビジョンではいけない。同じ状況であっても，実態をどう読み取るかによって，全く違う対応になる。

実態を楽観的にとらえることと，ポジティブに考えることとは別である。確かな実態把握と情報の収集のあとに方策が生まれる。その中にある，マイナス要因をどうプラス要因に転化していくかが問題となる。

また，ビジョンを構築する際に，短期，中期，長期のスパンの中での位置づけが必要である。

刻々と変化する時代にあって，どの時点までに達成するかの目標設定時期と，見直しの時期を計画段階で明確にしておくことも必要である。いつまでに（短期，中期，長期），だれが（分掌，委員会，担任，教科担任）何をするということを公開してこそ，組織としてマイナス要因をプラス要因に転化していく取り組みが見える。このように，ビジョンを決定するプロセスにおいて，組織づくりと組織の活性化が進むのである。

学校教育目標に対応して提案するビジョンは，職員室に掲示するというのも一案である。台紙は，色上質の全紙1枚くらいが適当だろう。横に時間軸（短期，中期，長期），縦に分掌や学年等の課題を掲げ，取り組み案を埋めていく。個人の発想は付せんで添付して加えていく。検討委員会等の会議後には，すぐに書き換え作業をしておくことも大切である。

ビジョンが全教職員の書き込みで充実していく。変化し，改善していくことですでにアクションを起こしている。そのまま，学校評議員（学校協議会），あるいは地域教育協議会で活用して，委員の方には，違う色の付せんで付け加えていただくというのも分かりやすい。

学校は「何をしようとしているのか分からない」「前例踏襲でしかない」「変わらない」という根拠のない感想に振り回されては，焦燥感，疲労感，やがてあきらめの順路をたどる。

結果として，何ができたかが信頼につながるのは当然であるが，目指す方向とそのための取り組みを示すことでも，信頼は得られることを忘れてはならない。

6　学校教育目標「トイレのきれいな学校」

「学校のトイレ」という言葉でどんなイメージがわくだろうか。

「学校では大便を我慢する」という子どもの回答が多数みられるという調査結果もある。「トイレの花子さん」に代表されるように怖く汚いイメージがつきまとう。

ある学校の教育目標は，「トイレのきれいな学校」である。

「それは，生活目標ではないか」と言う声が聞こえてきそうである。

この学校では，とにかくトイレ掃除を徹底させるという。校長自らが清掃時に子どもとともにトイレ清掃をする。すると，ピカピカになったトイレから外に視線を移した子どもたちが，「あっ，廊下も汚い。」といった具合に徹底した掃除ぶりでピカピカが，校内全体にどんどん広がって行ったというのである。

このことに関連して，最近知った「掃除に学ぶ会」がある。発足以来5年目を迎える。第1回の平成10年は参加者23名で，大阪府泉佐野市の公園トイレの清掃から始まった。

第1回のころは，申し出ても，学校のトイレ掃除をなかなかさせてもらえなかったと聞く。その後，第5回目にして，初めて小学校トイレを36名で清掃した。現在は大阪南部，泉州地域の小中学校のトイレ清掃を続けて5年が経過し，第68回まで予定校がある。

参加者が多い回は約170名にもなる。入会，退会などなく「参加」したいという有志でされている。全国に掃除に学ぶ会があるらしい。

ある県立高等学校の教頭先生の一文を引用させていただく。

> 「昨年の4月に新任の教頭として赴任後，直面したのは『これは，学校ではない』という現実でした。生徒たちの服装や頭髪は乱れに乱れ問題行動が多発する日々でした。
>
> そんな中，掃除に学ぶ会の会長さんと運命的に出会い，『私たちにもお手伝いをさせてください。』の会長さんの一言がきっかけで掃除に学ぶ会とのご縁ができました。
>
> 以後，『掃除に学ぶ会に学ぼう』をスローガンに本校で清掃の会を開催し，一部の教員と生徒の参加から始まった活動は，3回目を数え，今

ではPTAが主催し，整美委員会の生徒が中心に活動するまでになりました。
　掃除を通じていちばん変わったのは，教員です。入退学が多いためクラブ活動は停滞し，使用しないグランドは草ぼうぼうの有り様でしたが掃除のたびに除草を行い，今年の秋，7年ぶりに体育祭を行います。現在は体育祭の準備に向けて，生徒たちが頑張っています。」

おそるべし，トイレ清掃！「トイレのきれいな学校」は，子どもの心もきれいな学校にしていくのか。

学期末ごとに，そして年度末に，「トイレのきれいな学校」になっているかの評価は見える結果として明確である。そのために何をしたか，それがどんな効果をもたらしたか，教職員全員が個々に振り返り，具体的な取り組みの改善ができるということである。

7　学校のリフォーム

「大改造　劇的ビフォーアフター」という番組をご存知だろうか。「明かりが差さない家」「這ってでないと二階に昇れない家」等さまざまな難題を抱えている住まいが登場する。それを建築家である「匠」は見事に解決していく。プロの仕事ぶりは，圧巻である。

また，この建築家「匠」のすごいところは，依頼者の願い以上に結果を出すことにある。そして，単に家を新しく生まれ変わらせて便利にする技だけではない。何より感動させられるのは，居住者の思い出の「モノ」を活かしてその存在を輝かせる心があふれていることである。

毎日暮らす家がそっくり建て替えられるのではなく，改造されて生まれ変わるというものである。毎回番組の最後には，改築前後の比較場面で，次の映像が流れる。

①同じ敷地面積なのに，空間に広がりが生まれる。
②同じ立地条件なのに，明るさがあふれる。
③同じモノを戻して置いているのに，センスが光る。
④何より安全に配慮され，心地よい。
⑤住人に笑顔が生まれる。

⑥住人に感動の涙と感謝が生まれる。

こんな「学校のリフォーム」が必要なのではないか。

これを見るたびに「学校のリフォーム」を依頼する教育委員会は出てこないのかと期待してしまう。学校の歴史を大切にし，卒業生が残したものを活かしながら，現在，学ぶ子どもたちに快適な空間を保障できないものかと願う。

施設・設備のリフォームは，すぐにかなうことではない。しかし，学校教育目標のリフォームによって，光も安全も笑顔も生み出すことは，校内にいる教育の専門家「匠」によって，可能にできるのではないだろうか。

8 教育目標の数値化

評価とランキングはその目的が違う。世は数値化の目標設定が流行している。例えば，ノーベル賞の獲得目標を国家機関が掲げることに対して，さまざまな意見がある。また，住みやすい都道府県を公的機関がランキングすることについても，「住みやすさの評価規準は人によって違う」「大きなお世話」ということでもある。

確かに，数値化することによって，結果から達成度が分かりやすい。

しかし，学校教育目標の評価規準は，客観性，妥当性，信頼性が必要である。

京都ノートルダム女子大学梶田叡一学長は教育評価のバイブルともいうべき著書『教育評価—学びと育ちの確かめ—』（2000年9月20日改訂版第4版）〔放送大学教育振興会〕の第14章「評価する側の眼」の中でこう述べられている。

> 「人間が人間をみていくということで限界があるにしてもどういう意味でのどういう限界があるのか，どういう点にどういう意味での問題が入り込みがちなのか，ということを知っているのと知っていないのとではずいぶん事態が違ってくるであろう。」

そして，「評価の際に沈みがちな全般的な落とし穴として，
①指導目標と評価視点が食い違っていないか，
②記録にばかり目がいき，生身の人間が見えなくなっていないか。」
という2点が挙げられている。

これは，教師が子どもを評価するときの例ではあるが，学校全体の子どもの育ちを教育目標に照らして評価するときにも大切にしたいことである。

自分の言葉で表現できる国語の力を中心に目標設定したはずが，漢字の読み書きの点数が重点の数値で判断する結果になったというのではおかしい。

「実際に行われている評価が願ってきた育ちの在り方と表裏一体のものになっているかということを見直しながら行う」ことの大切さを強調されている。

それ自体に罪はないが，数値化だけの評価は大きな間違いを生み出す。

9　聞いてほしい人は，いずこに
－魅力的な学校教育目標の大説明会－

PTA総会・講演会などでは，聞くべき人，聞いてほしい人がいないという話がある。

「ここにおいでの方には，言う必要のないことなのですが・・・」と，よく言われる。本当にそうなのである。学級懇談会しかり，PTA講演会しかりである。つまり，意識のある人，変容の必要感を感じている人がおいでになっている。そういう方にさらに，聞いていただき，これまでを振り返り，今後を考えることも有効である。

しかし，ねらいは，より多くの方に，いかに正しく迅速に伝え，納得していただけるかである。

準備万端整えて，先に述べたように，学校教育目標の評価計画までを示して，「こういう教育目標をたてました。子どもの育てたい姿をこのように目指してこういうふうに取り組みます。」ということを保護者や地域住民に理解を求めるために「学校教育目標の大説明会」を行おう。

魅力的な「しかけ」をして，全家庭数がそろうような企画にしよう。保護者も地域住民もみんな大集合！わが町，わが校の子どもたちのためにPTA総会を「例年通り」に終わらせないように，企画する。

時期については，年度当初にこだわらず，動員数が多い場で伝えるということも考えられる。

「おお，学校が何か今までと違うぞ。」と，思われる第一歩が始まる。もちろん，学校だけで動くことではない。

これまでに述べてきたビジョンつくりから参加，参画して進めてきた結果を伝える場としての「学校教育目標の大説明会」である。（次ページ　図2）

事前に内容を広報して，キャッチコピーは，子どもも含めて公募しても意識

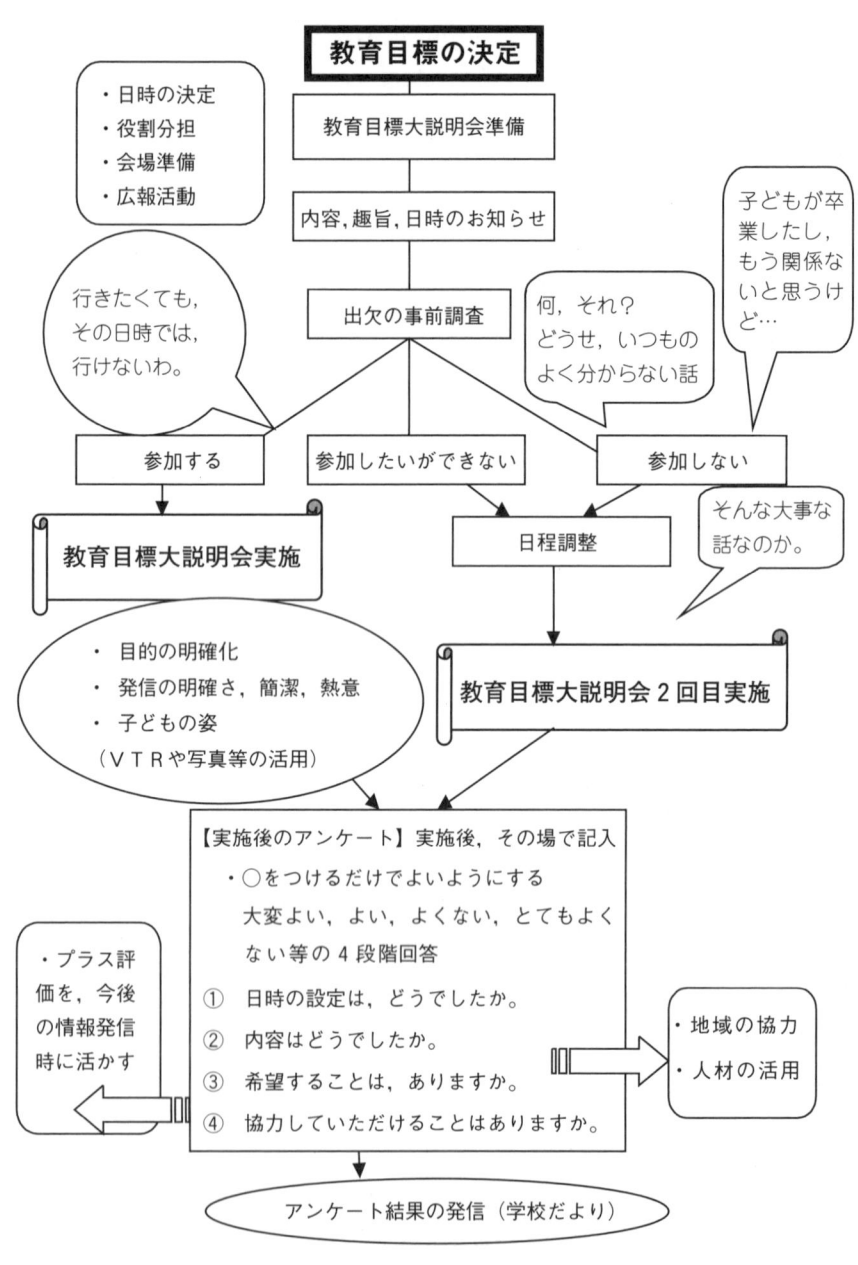

```
                    ┌──────────────┐
                    │ 教育目標の決定 │
                    └──────┬───────┘
・日時の決定              ↓
・役割分担         ┌──────────────┐
・会場準備         │教育目標大説明会準備│
・広報活動         └──────┬───────┘
                          ↓
                   ┌──────────────┐            子どもが卒
                   │内容,趣旨,日時のお知らせ│        業したし,
                   └──────┬───────┘            もう関係な
   行きたくても,          ↓              何, それ？    いと思うけ
   その日時では,   ┌──────────────┐   どうせ, いつもの ど…
   行けないわ。   │ 出欠の事前調査 │   よく分からない話
                   └──┬────┬────┬──┘
                      ↓    ↓    ↓
                 ┌────┐┌──────────┐┌────┐
                 │参加する││参加したいができない││参加しない│
                 └──┬─┘└─────┬────┘└──┬─┘
                    ↓         ↓          そんな大事な
           ┌──────────┐  ┌────┐   話なのか。
           │教育目標大説明会実施│ │日程調整│
           └──────────┘  └──┬─┘
                                   ↓
    ・目的の明確化           ┌──────────────┐
    ・発信の明確さ,簡潔,熱意  │教育目標大説明会2回目実施│
    ・子どもの姿             └──────┬───────┘
     （VTRや写真等の活用）            ↓
                   ┌────────────────────┐
                   │【実施後のアンケート】実施後, その場で記入│
                   │・○をつけるだけでよいようにする         │
・プラス評         │  大変よい, よい, よくない, とてもよく   │  ・地域の協力
 価を, 今後        │  ない等の4段階回答                     │  ・人材の活用
 の情報発信  ←──  │① 日時の設定は, どうでしたか。          │
 時に活かす        │② 内容はどうでしたか。                  │
                   │③ 希望することは, ありますか。          │
                   │④ 協力していただけることはありますか。  │
                   └──────┬─────────────┘
                                ↓
                   ┌──────────────────┐
                   │アンケート結果の発信（学校だより）│
                   └──────────────────┘
```

［図2］教育目標の決定から説明会実施へ

は高まる。「説得よりは，納得」である。人は納得したことは，まただれかに伝えていく。参加してよかったことは，必ず広がっていく。内容についても話題になるし，まただれかを誘って同じ参加を促す効果をもたらす。

　人は，見られて変わることができる。学校も授業も見られて変わる。いや，見られないと変われない。見られても，変わらないのは相当重傷である。

　見られるということは，意見をいただくということである。それは，必ず改善を求められることである。

　学校教育目標を見直し，学校改善に取り組んだ具体事例は，第6章で詳しく述べていく。

第3章 今,求められる学校評価

1　分かったつもりになっている自分と闘うための理論編

　本章では，「学校評価とは何か」について，学校評価の在り方を考える。
　今後の方向性を考えるとき，常に過去を振り返り，現在を見すえ，未来を見つめることが大切である。
　次々と巻き起こる教育改革のうねり，学校の自主性，自立性の確立が叫ばれている。学校評価の必要性が，各方面から説明される。しかし，そんな時にこそ，「これまで学校現場になぜ普及し根をおろしてこなかったのか，なぜ，学校評価が今求められるのか。どのようなことが今までと違うのか」をきちんと自分の中で整理し理解し，納得しておく必要がある。
　それほど昔から言われ続けてきた必要なことであるならば，とっくに実施され定着しているはずではないのか。なぜ，定着しなかったか。
　そんな素朴な疑問をもって，今起こっている学校評価の波がブームに終わらないためにも，少しここで学習し，理論武装しておきたいと思う。
　私はいつもそうしている。まずは，分かったつもりになっている自分と闘うために・・・。

　　「人生は一冊の書物に似ている。愚か者はぺらぺらめくるが，賢い者は
　　丹念に読む。」（ジャン・パウル）

　少し，初任者の皆さんには，難解なところもあるかも知れないが，丹念に読んでいただければ幸甚である。なぜなら，明日の授業が変わる根幹は，ここにあると確信するからである。

(1)　学校評価

　学校評価の一つの方法として「学校教育自己診断」等の診断カードを用いて，自校の学校経営を保護者，児童・生徒から評価され，校長と教職員が自己評価し合って学校の改善に活かすことは，教育を専門的に担う学校の責任であると考える。
　今，「学校教育自己診断」等の学校評価を実施している学校は全国的に拡大してきている。しかし，その実施が学校の改善に結びついているとはいえない実態や，その趣旨や目的が理解されずに検討中の学校もある。

第3章　今，求められる学校評価

　また，学校評価を導入するうえでの課題については，明らかにされているものの，学校評価を実施して学校の改善に活かした事例が十分研究されているとはいえない。
　そこで，「学校教育自己診断」を活かして学校の改善を進めている事例をインタビュー等により深く調査する。インタビュー調査等によって明らかになったことについて考察を行い，その実施の在り方や実施後の改善へのフィードバックの方法を明らかにする。
　さらに，「学校教育自己診断」を活かして学校の改善を進めるためには，何が重要であるかを探っていくことにしたい。

(2)　「学校教育自己診断」を活かして学校の改善を進める

　今後さらに実施が進むと思われる学校評価の中で大阪府が全国に先がけて実施した「学校教育自己診断」について，学校評価における位置を明らかにし，「学校教育自己診断」を学校改善に活かした特徴的な学校のインタビュー調査を行った。
　その結果をふまえて，子どもの発達・教育的視点に立った学校改善をどのように支援すればよいのかについて，「学校教育自己診断」を活かした学校改善の在り方を研究し，学校評価を検討している学校を支援しようとするものである。
　研究の目的は，以下の3点である。
①学校評価における「学校教育自己診断」の位置と目的を明らかにする。
②インタビューによる聞き取り調査，自主研究発表会参加による実態把握および質問紙での個別面接を通して，「学校教育自己診断」を学校改善に活かしている学校の実態を探る。
③調査結果から，学校評価を検討している学校に示唆を与える。

(3)　学校評価研究の背景

　日本全国に学校評価という考えが導入される契機となったのは，1951年に文部省が出した「中学校・高等学校　学校評価の基準と手引き（試案）」である。
　近年の学校評価に対する議論の発端の一つは，1986年の中央教育審議会答申であった。そこから，現在までさまざまな議論がなされ答申として出されてき

た。

　第16期中央教育審議会答申「今後の地方教育行政の在り方について」(1998年)は,「各学校においては教育目標や教育計画等を年度当初に保護者や地域住民に説明するとともに,その達成状況等に関する自己評価を実施し,保護者や地域住民に説明するように努めること」を求めた。

　さらに,文部科学省は,小・中学校の設置基準を定め,2002年4月から施行した。これらの施策の主眼は教育の地方分権に置かれ,自主的で,自律的な学校経営の確立にある。これまで以上に学校に権限を付し,多様な教育課程を編成・実施しうる裁量権を認めることとなった。自律的学校経営に公開制を組み込むことは必須の事項となったといえる。つまり,学校評価は,「情報公開」と「学校の自律化」を両輪として動き出すことになったのである。

2　学校評価とは何か

　「学校評価とは何か」について,主に牧昌見『学校評価に関する実証的研究中間報告書』(2000,国立教育政策研究所)を参考にしながら,学校評価の定義づけを行う。

　学校評価は,「自己評価」と「外部評価」に分かれる。

　自己評価の場合には,実施者,対象が同一である。実施者は各学校であり,対象は各学校の校長,教職員,児童・生徒,そして保護者である。

　外部評価の場合には,実施者が大学評価・学位授与機構等の第三者機関,対象が大学と異なる。アメリカのアクレディテーションの場合は,非政府組織による認可制となり,予算の配分も評価により決められる。また,アクレディテーションを受けた学校は自己評価も義務づけられている。アクレディテーション実施者は非政府組織であり,対象は各学校である。

　また,国内において外部評価として先行的に取り組んでいるのは,東京都の学校運営協議会による学校外部評価方式がある。

　さまざまな形態,内容,方法で実施されているが,大阪府のほかに先行的に取り組んできた都県は,東京,宮城,富山,三重,広島,高知,福岡などである。全体的に見ると学校評価は学校改善を目的として教育委員会が作成した学校評価表方式が主流になっている。(木岡,2003)

研究者によって，目的，実施者，対象の違い，また，実施している組織によっても定義が異なる。何を目指して評価を行うかを明確にせずに評価を行った場合，評価が意味をもたなくなる。評価を行う目的は，実施者が決定する。

過去の学校評価研究者たちはそれぞれに定義づけを行ってきた。次に，日本における主要な学校評価研究者の学校評価の定義やその在り方を述べる。

(1) 文部省の学校評価論

文部省が1951年（昭和26年）に出した学校評価の規程によると，「学校評価＝自己評価と訪問評価」と位置づけ，自己評価の実施者は学校，対象者も学校，訪問評価では，実施者が教育委員会，対象者は学校であるとしている。

学校評価の規定が文部科学省によってなされたのは，1951年の「中学校・高等学校学校評価の基準と手引（試案）」ある。文部省試案における「学校評価の規定」では，以下のように記述されている。

①「学校が自ら，あるいは外部の援助を得て，自校を改善するための活動」
　「発見された結果に基づいて，次の出発を準備する」
②「学校評価を行うには，まず，学校教育のあらゆる分野にわたっての，詳細な基準がたてられなければならない。学校は，この基準によって自校の実態をあらゆる角度から調査し，それらが有効適切であるかどうかを総合的な立場から検討する」
③「評価の根本要請である客観性」
　「できるだけ客観的な評価を可能ならしめる」
④「校長以下全教職員一体となり，自校の実態をあらゆる場面にわたって望ましい目標と対比して把握する，その過程において改善と建設への意欲が喚起される。この過程が何よりも尊い」
⑤「学校評価は，『協同評価に支えられた自己評価』を本体とするもの」
　「学校評価については，学校の自己評価を奨励し，訪問委員会の構成を援助し，また自ら訪問委員会を構成するなど，おそらくすべて教育委員会が主体」
　「教育委員会自体が学校評価を通して評価されるという面がある」

(2) 高野桂一の学校評価論

高野桂一の「学校評価」の定義は，実施者，対象を学校を基本としているものの，外部評価の可能性も示唆している。学校内部経営診断が重点であるが，閉鎖的になるべきでないとの考えである。

① 「一般に『学校評価』というとき，学校教育の評価と学校経営の評価とが未分化であり，混乱しているといわれないだろうか。学校の評価はこの両面の活動の評価を含むものであり，必要性はその各々の機能面において考えられなくてはならない。」（高野，1962，p.12）

② 「広義に『学校経営評価』を『学校評価』の意味と同義に用いることも否定しえない便宜があるが，その場合でも狭義の教育条件作り活動としての経営評価にいっそうの注目をし，アクセントを置くことを忘れてはなるまい。用語の歴史性に立った概念吟味を生かして，それを今日的にも整理しておかないと研究者も実践者もいたずらに混乱するだけである。学校改革一改革論と戦後台頭した学校評価論や学校経営評価論とは，今日，なお体系的に関連づけられていない。広義の『学校経営診断』＝『学校経営評価診断』とは，学校が教育目的・目標をどの程度まで，どのような体制や方法すなわち経営的条件づくりによって果たしているかを，その問題性・病理性にまで掘り下げて総合的・客観的に評価し，その総合的・有機的な改善方策をより実践的治療的に決断（意志決定）することである。学校内部経営診断が重点であり，大半を占めるべきである。しかし，単にそれにのみ閉鎖的にとどまるべきではない。学校内部の専門職的な立場から，それに強くかかわる限りにおいて，逆に行政に注文をつけ，要請する意味での行政への診断が関連的に出てきてしかるべきであろう』(高野，1998，p.75)

(3) 幸田三郎の学校評価論

幸田三郎の定義では，実施者として，教育委員会の可能性を示唆しているが，実施者も対象も同じく校長を主体とする教師集団となる。その理由は，学校評価の目的は「学校における教育活動の改善」であり，学校設置者の職務遂行にかかわる評価は，主として条件整備について行われるべきであるということからである。

幸田三郎の「学校評価」の規定によると、「一つのまとまりをもった、計画的・組織的教育を行うために設けられた個々の学校が、その機能をどの程度十分に果たしているかを、学校教育の目的・目標の達成度という観点から明らかにし、その結果に基づき、学校が行う活動全般についての改善を図ることを目的として、学校のあり方とその活動全体を対象として行う総合的評価」（幸田、1990，p.592）であるとし、「学校評価にも、学校経営についての評価が含まれるが、学校評価は経営活動の改善を目的とするものではなく、学校における教育活動の改善を第一義的な目的とするものである。」また「教師集団の職務遂行の過程と成果についての責任は、子どもと両親に対する道義的責任とともに、学校の設置者・管理者である教育委員会に対する行政上の責任とともに、専門職集団としての広義の教師集団に対する教職の専門性に由来する責任の3つを含む物であることが自覚されなければならない。」（幸田、1990，p.594）と述べている。

(4) 牧昌見の学校評価論

国立教育政策研究所の牧昌見の学校評価論は、高野桂一とは定義づけに関して対照的である。学校評価と学校経営評価の差異を明確にしていない。

対象として、各学校が教育目標達成のために行うすべての活動という広い範囲を指し、学校経営評価という狭い範囲ではない。また、個々の項目について論じるのではなく、目標・実施・評価という一連のサイクルで考えべきであるとしている。P－D－Sサイクル（P－D－C－Aサイクル）の流れの中で学校評価をとらえている。(P：Plan, D：Do, S：See, C：Check, A：Action)

「P－D－Sサイクル」とは、企業マネジメントの観点から生まれた言葉で、「P－D－C－Aサイクル」ともいう。マネジメント機能を一つのサイクルとしてとらえ、この一連の流れを繰り返すことにより、業務を合理的に処理していく手法である。

①「単位学校がその学校として設定した教育目標を、より効果的に達成するためには、これを具体化し、自校の置かれた諸条件の中で、教育活動の効果的展開を可能にするような内部組織とその運営を確保し、そうして設定した教育目標をどの程度達成し得たかを評価するという一連の経営活動を必要とする。学校経営評価というとらえ方の方が学校評価よりも、その内

容や方法を明確になし得る。両者の概念上の差異や位置づけに心労することは，特に実践的に見た場合，それほど生産的な議論にはならない。

学校経営とは教育目標を効果的に達成するために，自校としてはどのような工夫を要するかを考え，実践することである。経営評価を取りあげるときでも，評価を独自に論じることがしばしばである。目標は目標，実施は実施，評価は評価というように，相互に排他的に考えてはならない。一連のつながりをもったものとして捉えることが必要である。」(牧，1986, p.5)

② 「学校経営評価とは，立てた計画，そのもとで行った実践，あらかじめ立てておいた評価の観点などを評価し，改善の方向を明らかにし，次期の計画に反映させるというサイクルの中に位置づけられる活動である。」(牧，1987, p.80)

③ 「学校評価は，各学校がその教育目標達成のために行うすべての活動を対象とし，これらを一定の基準に基づき客観的に，かつ総合的に評価し，改善の方向や改善点を明らかにするわけで，最も包括的な概念である。これに対して学校経営評価というのは，その対象・領域については学校評価と同じであるが，どうしたら所期の目的・活動が効果的になされるかという側面，つまり経営的・戦略的側面の評価を意味する。」(牧，1990)

(5) 吉本二郎の学校評価論

吉本二郎による学校評価論は，学校経営機能そのものが大切であるとし，学校経営評価重視の考えである。

「学校における経営活動と教育活動を統一的に捉える観点は，学校評価の常識と化した感がある。本質的な学校経営機能に即して重点化が図られなければ学校評価と称する全域の網羅主義によっては，せいぜい平板な実態把握が施されるに過ぎない。理論的には学校評価そのものを，学校経営理論の中で的確に位置づけ，簡単に形式化して口説されているP－D－Sの循環過程に適切な内面系統化を賦与しなければならない。経営機能の評価を別個に重視した学校経営評価が検討されるべきである。学校が真に一つの社会組織として，独自の組織体として自ら律し，教職における協働体系を通して教育の効率を高めうる存在となるように，内部的な機能遂行が評価

されなければならない。教育活動の適正な展開のために，必要なときに必要な経営機能がどのように加えられるべきかをしだいに明確化することが，実践過程を通した学校経営計画のための基礎を形作ることになると思われる。」(吉本，1979，pp.67-72)

(6) 中留武昭の学校評価論

中留の学校評価論は，学校経営評価を重視し，経営診断に向いているとしている。また，教育活動と経営活動は統一されるべきであるという考えである。

「学校経営自体が教育目標の効果的達成であると考え，従ってそこにおいては教育活動と経営活動とは，本来的に統一されているという立場に立って『評価』という用語を使うとすれば『学校経営評価』の方が妥当ではないか。」(中留，1983，p.21)「学校経営評価は学校評価の一部分であるという解釈がなされる一方で学校経営評価のとりあげる評価対象の幅によっては学校評価と学校経営評価とがあまり識別されない状況を1970年以降生み出してきている。ただし，その一方で学校経営評価は教育課程評価，学校の組織文化（風土）の評価といったように，領域を焦点化し，かつ単に経営目標の達成度を評価するということだけでなく，学校が抱えている問題や病理を掘り下げる評価を行うことによって学校の改善に資するという経営の診断の方向に動いてきている。」(中留，1994，p.8)
と述べている。

(7) 八尾坂修の学校評価論

八尾坂修は，自己評価としての考えで実施者と対象は学校である。評価の公開を重視し，そのことによって学校の質的向上が図れるとしている。地域住民に対して評価過程と評価結果，評価に対する改善対策を公開することを重要とするものである。

「一層地域に開かれた学校づくりを推進することが期待されている今，教育目標，教育計画，児童生徒の学習状況や教育課程の実施状況に関わる自己評価を実施し，そのプロセス，結果，学校としての対応，姿勢について保護者や地域住民に説明するよう努めることが学校に求められている。各学校における自己評価システムは学校としての質的向上を図るためにも望

まれることである。」(八尾坂, 2001, p.14)

(8) 児島邦宏の学校評価論

児島邦宏によると，学校評価の目的は，格付けや基準認定，指導管理ではなく，診断結果を改善に活かすためのものである。

「従来は学校評価論として展開されてきたが，今日では学校経営診断論へと移行しつつある。そこには次の二つの評価論の転換が作用している。一つは，学校外の外的基準に照らして学校を評価するのではなく，学校内部の実践の脈絡に即して，なぜそうなのかを問おうとするところにある。第二は，結果を問うのではなく，どのような方策をとった時，どのような結果が現れるかを予測・評価し，最善の策を選択・決定という点である。」
(児島, 1990, p.542)

としている。

(9) 木岡一明の学校評価論

国立教育政策研究所の木岡一明による学校評価論は，評価で優劣を付けるものではないという考えである。学校組織を良くしようという構成員のモチベーションを高めるためのツールとして学校評価を活用し，その過程で知恵を出し合い共につくるプロセスを最も重要視している。

「学校に関わる人々が，共に新しい教育事態を創り出していく過程が重要で，その過程において，よく考え（省察し）知恵を出し合い，外へと開いていくことが期待されるのであり，そのような学校組織開発の道具として学校評価が位置づくための基本原理が，協働性，創意性，省察性，解放性である。」(木岡, 2002, p.22)

本書においては，以上の先行研究の中で，八尾坂，児島，木岡の「学校評価」の在り方に添って「学校教育自己診断」を活かした学校改善の在り方を検討していくこととする。

その理由は，八尾坂，児島，木岡に共通する2点である。まず，診断としての学校評価の基準は外部よりもむしろ学校内部にあることである。次に，評価の結果を問うよりは，むしろ評価を活用して学校組織が活性化していくそのプロセスに重点を置いているところである。

3 「学校教育自己診断」の位置付けと目的

(1) 学校評価における「学校教育自己診断」の位置

　先に述べた学校評価の定義の中から八尾坂，児島，木岡に添って，「学校評価」について述べる。

　学校評価とは，学校のランク付けを行うためのものではない。今日の社会の流れから学校の情報を公開するニーズが強く求められていることは，確かなことである。しかし，それよりも，教職員間，保護者間等に学校評価を行うプロセスを通して信頼が生まれ，保護者に学校のことを知ってもらう契機となることのほうが重要である。

　どのような学校の教育目標，教育方針，教育計画に基づいて，子どもに指導や支援を行い育てているのかを知っている保護者や地域住民が多くいるとはいえない。そんな中にあって，子どもの問題は学校の責任にしている部分が多々あるように思える。現状では，学校は常に保護者，地域住民からクレームを受け，妥協と葛藤が繰り返されている。

　この問題を解決するためには，まずは保護者に学校のことをよく知らせるべきである。また，学校側にしても保護者がどのような考えをもっているのかについて知ろうという姿勢も努力も十分であったとは言いがたい。学校評価がこの部分を担い，校長，教職員と保護者，児童・生徒がそれぞれ要望を出し合うことにより，同じ目標に向かって歩むことが可能となる。これは，学校評価によって明らかにされた問題点を改善しようとする学校と保護者，児童・生徒によって，学校が組織として機能していくことを意図している。

　次に，教育評価という点から考えてみることにする。「学校教育自己診断」の設問には，「教育活動に関するもの」，「学校経営に関するもの」がある。中でも，教育課程や授業改善につながる「教育活動に関する評価」は，教職員の共通理解を得やすく，児童生徒や保護者にも学校改善の実感が伝わりやすいと思われる。

　そこで，教育評価の歩みと今日的課題について論じている梶田（1992）に添って，教育評価という点からみた「学校教育自己診断」を検討していくことに

する。教育評価は，一般に次の4種のものがある。(梶田，1992)

第1は，「事前的評価」と呼ばれるもので，その活動の開始以前にその活動の企画を最も適切なものとするために必要な評価を行う。

第2は「形成的評価」と呼ばれるもので，その活動の途上においてその活動を最も効果的なものとするよう活動自体の軌道修正をするために必要な評価を行う。

第3は，「総括的評価」と呼ばれ，その活動が一段落した時点でその活動の成果を把握するために必要な評価を行う。

第4は，「外在的評価」と呼ばれ，その活動の外側に立って，その活動の在り方を客観的に吟味し，改善を加えるために必要な評価を行うというものである。

さらに，各種の評価を大別して，以下の4つの目的類型にまとめている。

(梶田，1992)

①管理や運営の改善や方向づけのためのもの
②指導や教授の改善や方向づけのためのもの
③学習者自身の学習や努力の直接的方向づけのためのもの
④調査や研究のためのもの

以上を参考に教育評価という点から見た「学校教育自己診断」について，私の考えを述べる。つまり，「学校教育自己診断」は，先述の4つの目的類型の①と②に該当し，「管理や運営」と「指導や教授」の改善ための評価であるといえる。そして，具体的には「事前的評価」「形成的評価」「総括的評価」「外在的評価」といった順序をたどることになる。

調査の分析・考察に当たっては，以上の教育評価という点から見た「学校教育自己診断」について検討することとする。

学校評価は，学校教育目標の達成度と具体的な成果，問題点の所在とその解決法，今後の課題が明確にされるものでなければならない。それが子どもの育ちを目的としている以上，発達をふまえ，「学力の定着と心の教育の充実」にもつながる学校評価について，さらに研究を進めていく必要がある。

(2) 「学校教育自己診断」の目的

大阪府教育委員会は，評価を行う目的として，以下の4点を示している。

第3章 今,求められる学校評価

1. 継続した診断活動を通して,校長のリーダーシップと全教職員の共通理解のもと,学校教育目標の達成を目指して学校組織と教育活動を活性化する。
2. 学校自らが自校の教育を点検する姿勢を明らかにすることによって,保護者や地域住民に理解され,支持される開かれた学校づくりを進める。
3. 診断活動を積み重ねるとともに,学校が積極的に家庭や地域社会に情報を提供することによって,家庭・地域社会と一体となった,学校教育の在り方や家庭・地域社会の役割について話し合うための場づくりを目指す。
4. 学校教育の改善のための課題を明らかにすることによって,教育行政の課題を明らかにする。

(「学校教育自己診断実施要項」大阪府教育委員会1999年7月9日,2000年6月28日一部改正,2001年8月29日一部改正,2002年5月9日一部改正)

趣旨と目的を対象者に明確に示すことがまず必要である。評価・計画・実行・評価の連続・発展のスパイラルである。つまり,診断表に基づく学校教育計画の達成度の点検と改善方策の具体化と提示が目的となる。

また,評価である以上 ①評価の時期(いつ),②評価者の特定(だれが),③評価項目(何を),④評価方法(どのように),⑤評価基準,の5つの要素が必要と考えられる。

しかし,大阪府教育委員会は,「実施の時期や診断の対象,アンケートの診断項目等も学校が主体的に行うこと」としている。また,「細かな数字の結果報告は義務づけていないが,診断していただいた方には,できる限り結果を公開するように指導している。」ということである。

そこで,①評価の時期(いつ),②評価者の特定(だれが),③評価項目(何を),④評価方法(どのように)は学校の主体に任せるとはするものの,⑤評価基準については,以下の2点に整理できる(大脇,2002)ことに触れておきたい。

1点目に共通的・標準的な評価基準として
A. 子どもの学力達成度ないし,学力向上度
B. 子どもの学校生活満足度
C. 子どもの学校生活関与度(学級活動・学校行事・自治活動・部活動への主体的参加)

2点目に個別的・特殊的な評価基準として
A．各学校の教育活動の重点課題の評価（学校の特色づくり）
B．各学校の直面している教育課題の評価（問題の明確化・分析）
以上の評価基準をふまえて，調査の分析・考察にあたることとする。

(3) 「学校教育自己診断」が果たす役割

学校教育自己診断が果たす役割については，学校評価の役割を整理した以下の3点を参考にする。（大脇，2002）。

①基本的役割：教育目標がどの程度達成しているか，全体としてどのような成果をあげてており，どこに問題があるかを評価し，今後の課題を明確にすること。
　　学校として果たすべき責任をどのように遂行しているかを明確に示すこと。
②対内的役割：教職員が教育活動の現状と課題について話し合い共通理解を図っていくこと。学校を改善するために新たな経営方針や経営戦略を樹立するための基礎作業を行うこと。
③対外的役割：学校が父母・地域住民に対して，学校の取組と成果について説明したり彼らの要望や要求に応答すること。学校が教育行政機関に対して学校の成果と課題を説明し，学校としての諸条件の整備について要求したり，交渉したりすること。

インタビュー調査校の「学校教育自己診断」が，これらの学校評価の役割を果たしているかをふまえて学校改善の在り方の検討をしていく。

(4) 「学校教育自己診断」の現状

大阪府の学校評価は，「学校教育自己診断」を中軸にすえている。ここでは，現状として，実施の経緯と現在までの実施率と実施方法について述べる。

1995年度より大阪府は，「学校活動に対する児童生徒や保護者を含めた評価についての研究」を開始した。

大阪府教育委員会教育振興室学事課によると，「項目作成にあたっては，次の経緯があった。大阪府教育委員会は，毎年度初頭に市町村教育委員会に対する要望事項，府立学校に対する指示事項を冊子にまとめて配布し説明している。

その内容は，大阪府が教育に対する取り組みの重点としている課題を挙げ，取り組み姿勢を打ち出している。その一つひとつの項目についての達成度を診断するのが適切ではないかと考えた。それらの中で，診断票の項目として適切なものを精選していくこととした。九州大学中留武昭教授のアドバイスを基にし，後に奈良教育大学八尾坂修教授（現九州大学教授）の助言も得て，まず校長を対象とした診断票ができあがった。その後，教職員や児童生徒，保護者を対象とした診断票を作成し，検討や試行錯誤を繰り返した」ということである。

実施の経緯は，以下の通りである。
　1995年度　学校活動に対する児童生徒や保護者を含めた評価について研究開始
　1997年度　「学校教育自己診断検討委員会」を発足
　1998年度　「学校教育自己診断」を試行
　1999年度　「学校教育自己診断」本格実施
　2000年度　「学校教育自己診断」実施率急上昇
　2001年度　学校協議会モデル校府立25校，市町村立53校
　2002年度　「学校教育自己診断」全府立校実施
　2003年度　学校協議会全府立校設置予定

前述のように，大阪府教育委員会は1998年度より全国に先がけて「学校教育自己診断」を試行した。実施校は，小学校48校，中学校11校，高等学校7校，盲・聾・養護学校24校の計90校である。そのうち，校長用・教職員用・児童生徒用・保護者用の4者診断すべての実施校は，小学校6校，中学校3校，高等学校5校の計14校であった。

また，大阪府教育委員会教育振興室学事課によると，2001年度の実施率は以下のようになっている。

表1　「学校教育自己診断」2001年度実施率（大阪府教育委員会教育振興室学事課）

小学校	601校	82％
中学校	263校	79％
高等学校	102校	65％
盲・聾・養護学校	24校	100％

2003年2月の実施状況調査（大阪府教育委員会教育振興室学事課）によると，これまでに府立学校全校実施，府内公立小学校では99.7%，府内公立中学校では98.2%の学校が実施しているということである。
　なお，「学校診断票」は校長用・教職員用・児童生徒用・保護者用の4種類が用意されている。このうち1種類実施でも実施校としてカウントされている。
　実施方法については，「学校教育自己診断」実施要項を用いた説明会を府内の小・中学校，府立学校（大阪市を除く）の校長，教頭，実施担当者等を対象に実施している。
　また，「学校教育自己診断」実施方法に関連した調査としては，2003年に大阪府教育センターカリキュラム研究室が「開かれた学校づくり」に関する実施状況調査を行った。対象は大阪府内の各小学校（大阪市を除く）であり，732校から回答を得た。
　その結果のうち，本研究の関連項目のみを表2に示す。
　このように，「学校教育自己診断」は，徐々に定着が図られている。大阪府教育委員会は，『学校評価を共に創る』（学事出版，2003）の中で，今後の課題の一つとして，学校評価システムの確立に向けて「学校教育自己診断」を活用した学校改善のサイクルの在り方について，各校の実践例に基づいた検討をすることを挙げている。
　また，大阪府教育委員会は，教育活動の改善や開かれた学校づくりのために，学校が主体性をもって保護者や地域住民の意向を的確に把握した学校運営が行えるよう，校長の諮問に応じて，保護者や地域住民が参加し，意見交換を行う「学校協議会」の設置を指導している。「学校協議会」の趣旨は，学校教育施行規則で定められた学校評議員と同じである。
　この「学校協議会」についても，試行錯誤をふまえ，府立学校においては，2002年度には100校，2003年度には全校設置とした。
　府立学校「学校協議会」実施要項を基に説明会を実施している。
　その他，府立学校に対しては，次の3点の資料を提示している。大阪府教育委員会「府立学校学校協議会の設置・運営の基本的な考え方と府立学校学校協議会の設置・運営の指針」，大阪府教育委員会「府立学校学校協議会設置要項参考例」，大阪府教育委員会「府立学校学校協議会運営計画書」である。
　「学校教育自己診断」と「学校協議会」は，開かれた学校づくりという車の

両輪として学校改善に必要なものであるとしている。大阪府教育委員会は、このような「学校教育自己診断」を取り巻く関係について、p.72、図1のように示している。

表2　「開かれた学校づくり」に関する実施状況調査のまとめ
大阪府教育センターカリキュラム研究室（2003年）

表2学校教育自己診断は、どのような形で行っていますか。

ア	保護者や子どもの評価も交えた学校教育自己診断を行い公表している	547
イ	保護者の評価を交えた学校教育自己診断を行い、公表している	96
ウ	教職員のみで学校教育自己診断を行い、保護者には公表していない	33
エ	行っていない	19
オ	その他	36

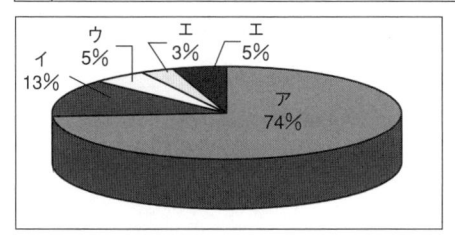

地域に開かれた学校づくりから学校改善へ

{保護者や地域住民の意向の把握 → 学校運営に反映させる
学校運営に関する保護者や地域住民等の理解、協力 ← 学校運営について説明責任を果たす}

地域社会

地域教育協議会（健やかネット）
○学校・家庭・地域の三者が協議して地域教育活動及び学校教育支援等を行う機関

保護者 地域住民

連携

学校

学校協議会
○校長の求めに応じて、学校改善のための委員や学校改善のための意見をとりまとめる機関
・学校の運営方針や教育活動への助言等

校長
○学校協議会に対して、学校運営の改善のため、学校教育自己診断の診断結果を利用し意見・助言の診断を求める。

評価委員会

学校教育自己診断
集計
分析
改善
計画

教職員

児童・生徒

連携
学校教育支援
委託を受け参加
学校評価
説明責任
意見・要望
協議依頼
意見・提言
自己評価
自己評価
自己評価

学校教育自己診断

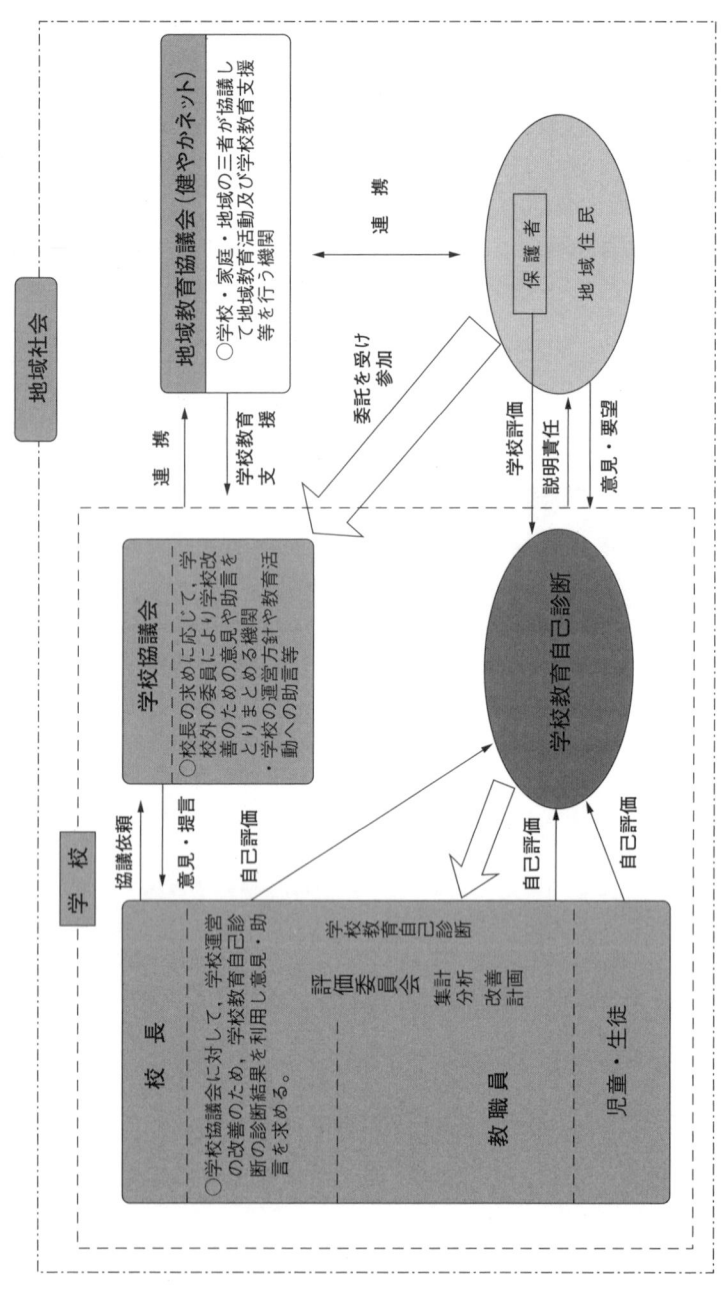

[図1]「学校教育自己診断」を取り巻く関係（大阪教育委員会）

第4章 明らかになった学校評価の課題

学校が評価されるためには,「何を問うのか」をもたねばならない。

問いかけたことによって,学校は変わることができる。

常にＣＳ（顧客満足度）を意識することによって,経営を見直す姿勢が必要である。校長・教職員の目指す学校像と児童生徒,保護者,地域住民が求めている学校像にズレはないか確認することが経営を見直す視点となる。校長・教職員の目指す学校像が共有化されていることが前提となる。しかし,結果を問われても保護者,地域住民にとっては,実態はもちろんのこと,変化が見えないことについて,そのプロセスを理解せずして答えることはきわめて難しい。

本章では,これまでの「学校教育自己診断」の実施によって,明らかになっている課題を述べていくことにする。

1 「学校教育自己診断」の実態と課題

以下の3点の試行や調査から明らかになった学校評価の課題を述べる。
○「学校教育自己診断」試行のまとめ（1999年7月大阪府教育委員会），
○学校教育活動の自己評価等に関する調査・研究―協議経過及び関連資料―（2000年3月大阪府教育委員会）
○「学校改善への道筋―学校教育自己診断,学校協議会を活かして―」（2003年3月大阪府教育センター）

(1) 「学校教育自己診断」試行のまとめ

学校教育自己診断試行のまとめ（1999年7月大阪府教育委員会）からは,課題として次のことが明らかになっている。
・分析の結果をどのように診断対象者に返すか。
・診断結果を受けて,早急に学校教育の改善を具体化すること。
・自己診断を継続的に続けること。
・保護者の視点から設問を分かりやすいように改善すること。
・質問が抽象的なところもあり,改善すること。
・学校実態に応じた設問に改善すること。
・事前に趣旨を徹底すること。
・学年ごとの成長の度合いや意識のずれの変化を見ることができるような診

断に改善すること。
・目的を明確にし，結果をフィードバックする全校的体制を構築すること。
・省力化のため，マークシートによる診断を工夫すること。

先述の大阪府教育委員会が示した評価を行う目的の中にある「継続した診断活動」や「診断活動を積み重ねる」以前の課題が多くを占めている。

ここでは，大きく分けて2点の実施上の課題があると思われる。

1点目には，評価項目（設問）の改訂についてであり，2点目には実施後に結果をどうフィードバックし，学校改善に活かすかということである。

ひな型として示された評価項目は，校長用・教職員用は70余項目に及び，内容も学校目標から施設管理までの全分野にわたっている。児童生徒用・保護者用は30項目である。[http://www.pref.osaka.jp/kyoishinko/gakuji/jikosindan.htm]

評価項目の改訂については，大阪府教育委員会から診断表を記録したCDが配付され，学校独自に診断表を修正加工できるようにしている。しかし，どのような視点で，学校独自に改訂するかが重要になってくる。

また，目的に示されている「学校が積極的に家庭や地域社会に情報を提供する」ことについて，実施後に結果をどうフィードバックし，どう学校改善に活かすかは具体的に示されていない。実施後に，診断結果をどう公表したり分析したりするか，改善の方策を示す方法は大きな課題となっている。

そこで，診断結果のフィードバックの仕方や，学校改善への活かし方を具体的に示していくことにする。また，実施後の診断結果の公表・分析についてと改善の方策を示す方法についても事例を基に明らかにしていく。

(2) 学校教育活動の自己評価等に関する調査・研究
－協議経過及び関連資料－

学校教育活動の自己評価等に関する調査・研究―協議経過及び関連資料―（2000年3月大阪府教育委員会）においては，次のように概要が述べられている。
・学校を開かれたものとするため，学校運営の透明性を確保し，説明責任を果たす。
・教育委員会も，各学校の自主的な改革を支援できるように，学校との関係を改める。
・試行により，保護者，児童生徒による学校への要望・不満は，中学校・高

校段階になると大きくなることが分かってきた。
　課題として挙げられるのは，
　「分析結果を診断対象者にどのように返すかを検討すること」
　「児童生徒や保護者の視点から設問を回答しやすいように改善すること」
　「その学校の実態に応じた設問に改善すること」
　「学年ごとの成長の度合いや意識のずれの変化が明確になるように改善すること」などである。
　診断結果から見た成果として
　「学校の取り組みに対する率直な感想が児童生徒・保護者から得られた」
　「学校が保護者から信頼されていることが分かり，教職員の自信につながった」
　「教職員が自分の姿を見直す機会になった」
　「地域・家庭と学校との連携強化の機運が相互に高まり，新たな取り組みが検討されはじめた」
　「授業の在り方など具体的問題点が明らかになった」などが挙げられる。

　以上が，大阪府教育委員会が1998年度の「学校教育自己診断」の試行と1999年度「学校教育自己診断」本格実施を終えた時点の成果と課題としてまとめたものである。
　実際の作業としては「省力化のため，マークシートによる診断を工夫すること」が前年度もあがっていた。しかし，分析結果を診断対象者にどのように返すかを検討することが求められながら，現在のマークシートを読み込む機器であるカードリーダーは，ひな型のとおりの項目のものしか読み込むことはできない。
　まだこのことを解決する具体案は確定していないが，新たな動向としては，慶應義塾大学政策・メディア研究科教授金子郁容研究室コミュニティ・マネジメント・リサーチプロジェクトによる学校評価支援システムがある。以下，ホームページ (http://www.sqs.cmr.sfc.keio.ac.jp) によると，「プロジェクト・システムの名称は，SQSである。(プロジェクトによる開発システムを，"Shared Questionnaire System"，略して"SQS"と呼ぶ。) 目的・用途SQSは，アンケート調査を行ううえでの，アンケート実施者の事務的な負担を軽減することが

第 4 章 明らかになった学校評価の課題

でき，SQS を導入することにより，質問項目を定義する質問回答用のインターフェイスを実現し，回答者に配布する，質問結果を集計するというような一連の機能を，Web ブラウザを通じて，ASP（アプリケーションサービスプロバイダ）方式で，簡単な操作内容で利用できるようになる。

また，「SQS は，従来のアンケート支援システムを越えて，組織内や組織間での 経営改善のための Plan-Do-Check-Action サイクルを実現するために使うことができる。」というものである。

今後，検討されるかどうかは定かではないが，評価項目の改訂と集計分析の課題を解決するための動向の一つである。

次に，この「協議経過及び関連資料」で示された成果については，今後「学校教育自己診断」を実施していく学校のモチベーションを高める材料になると思われる。

しかし，どのようなプロセスでその成果が得られたのかは，示されていない。今後はさらに客観的で妥当性のある成果を収集していく必要がある。また，そのプロセスについても示していく必要がある。

例えば「学校が保護者から信頼されていることが分かり，教職員の自信につながった」という成果として示されてはいるものの，「信頼されている」という客観的事実が見られない。また，教職員の自信につながったり，教職員が自分の姿を見直す機会になった変容の過程等が明確ではない。

さらに，「授業の在り方など具体的問題点が明らかになった」ことをどのように問題を解決しようとしたかについても記述されていない。

大阪府教育委員会は，「学校を人間ドックに入れて診断すればどのような結果が出るのだろうか」という問題意識に立って内部検討を積み重ねてきた。自分は健康だと自信をもっていても，人間ドックで治療すべき指摘を受けることがある。問題点が明らかになっただけでは，改善できない。

「人間ドック」であるならば，全身の検査を行い，疾病の早期発見・健康指導などを行うことを進めなければならない。さらに二次の精密検査を受けることが，必要なこともある。診断の結果，疾病が早期発見されても，どのように治療したり，生活習慣を改善したりして，回復に向かい，より強健に鍛えるかが重要になる。

そこで，明らかになった課題を解決していく具体的方法を示すことが求めら

れる。また，学校改善が進んだといえる根拠及びその改善のプロセスを明らかにする必要がある。

(3) 学校改善への道筋
―学校教育自己診断，学校協議会を活かして―

私は，大阪府教育センターが刊行した「学校改善への道筋―学校教育自己診断，学校協議会を活かして―」(2003年3月) の研究主担者であった。

これについては，これまで「スクールリーダー・フォーラム０１『学校教育自己診断』を実践する―学校を開く試み―大阪府教育委員会・大阪教育大学連携プロジェクト」(2003) のシンポジウムで発表した。

また，2003年度全国教育研究所連盟（京都大会）においての学校評価分科会と，2003年度大阪府教育センターフォーラム学校評価部会でも発表した。この反響として，大変ありがたいことに，後日，私あてに大阪府教育センターの刊行物を送付して欲しいという依頼が，各地から寄せられた。

先述の大阪府教育委員会が進めてきた「学校教育自己診断」の課題と成果をふまえて，私が「学校評価研究」の緒についたのは2001年であった。初めてこの年に，「学校教育自己診断」の活用状況についての調査を行った。

大阪府教育委員会が，これまで活用状況についての調査を実施しなかった理由の一つは，「学校教育自己診断」の結果についての提出を求めないということからであった。むしろ，保護者や指導生徒に伝える方法の工夫を行うことで，学校と保護者や児童生徒の信頼関係を築くべきだと大阪府教育委員会は，指導してきたからということである。

これまでの趣旨説明会や事例報告会をすることによって，定着は図られてきた。実施率を把握したり，実施方法や成果を個別に公表することに加えて，さらに「学校教育自己診断」を活かした課題別事例を具体的に示す必要があると，私は企画，立案の段階で考えた。

特に実施による成果に焦点をあてて掘り下げることによって，実施を検討している学校の支援になると考えたのである。

「学校改善への道筋」（p.3）の原文で私は，学校評価の実際について，次のように述べた。

「これまでも，各学校では『年度末反省』という名の元に，内部評価として，熱心に『話し合い』の時間はもたれてきた。その評価項目は，各校

第4章 明らかになった学校評価の課題

の内部で決定され，ほぼ毎年同じ項目で実施されてきた。しかし，それがフォーマルな場での教職員個々の不満の解消になることはあっても，次年度への学校経営方針や計画の改善に反映されることは多くなかった。また，保護者や地域住民に対して，学校経営方針や改善計画について意見を求めた事も交換した事も殆どなかった。学校評価の導入に対しての阻害要因は，学校評価が『学校のランク付けになる』という誤った認識や教職員の自負や『評価されるためにしているのではない』という体質もあると思われる。」

実施校すべてを対象に調査することが望ましいと考えた。しかし，それは，これまでのさまざまな事情や，ようやく定着しつつある現状のなかでは難しい状況にあった。

そこで，まず2001年の調査対象には，大阪府「学校の自主性・自立性の確立と開かれた学校づくりに関する調査研究協力者会議委員」のうち，2000年度までに「学校教育自己診断」を実施した9校に協力を求めた。その時点では，「学校協議会」とのリンクについて触れることも諸事情により可能ではなかった。

「学校教育自己診断」を実施している学校が，今どのようなことに困難を感じているのか，活用することによってどのような改善が進んでいるのか，また，実施校ではどのような方策や工夫を行っているのかを把握することにした。そのことによって，課題別の解決方策を示し，今後の実施を検討している学校や実施が学校改善に結びつき「やってよかった」実感が得られるような支援としたいと考えたからであった。

私が活用状況調査のためのアンケート項目の原案を作成した。これについては，大阪府教育委員会関係各課から「学校評価研究プロジェクト」として組織された委員の助言をいただいた。「学校自己診断票」等を作成し，試行から実施に至るまでに尽力された方を含む委員の適切な助言であった。その助言を得た項目でアンケート用紙を事前に送付し，対象となった9校すべての学校を私は訪問した。その結果，多くの資料を得ているが，本研究に示すことを目的としていないため，ここでの資料活用については配慮した。

2年目となる2002年の研究の継続に当たっては，「学校評価研究プロジェクト」委員16名の内，13名の委員が交代し，私は引き続き研究主担者として，2年目の研究を発展させることとなった。

2001年度からの懸案事項であった学校協議会とのリンクの仕方についても，

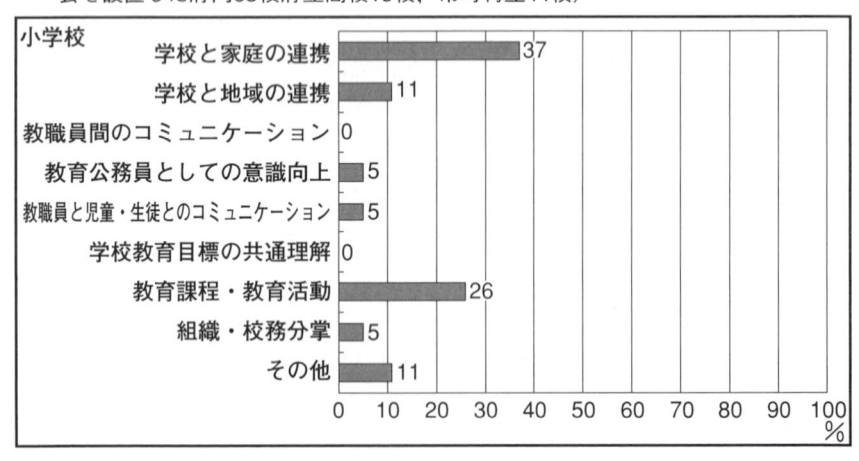

私が計画・立案し，アンケートの質問項目に入れる運びとなった。

また，調査対象は，2001年度までに学校教育自己診断を実施し，かつ学校協議会を設置した府内68校（府立高校19校，府立盲・聾・養護学校5校，市町村立44校）として承認された。私はこのうち改善が特徴的な21校を選定し，日程の都合で不可能であった1校を除く20校を訪問した。調査期間は，2001年9月～2003年1月までかけて行った。この調査結果の中から，2つの着目すべき点を取りあげたい。まず，1点目に「学校教育自己診断を実施して一番改善できたことは何か」というアンケート結果を以下に示す。

「学校教育自己診断を実施して一番改善できたこと」

「学校教育自己診断」により，一番改善できたこと	全体(%)	小学校(%)	中学校(%)	高等学校(%)
学校と家庭の連携	34	35	38	27
学校と地域の連携	8	12	15	0
教職員間のコミュニケーション	4	0	0	11
教育公務員としての意識向上	6	6	8	6
教職員と児童生徒とのコミュニケーション	6	6	8	6
学校教育目標の共通理解	2	0	0	6
教育課程・教育活動	32	29	23	38
組織・校務分掌	2	0	8	0
その他	6	12	0	6

（注：調査対象は2001年度までに学校教育自己診断を実施し，かつ学校協議会を設置した府内68校府立高校19校，市町村立44校）

小学校

項目	%
学校と家庭の連携	37
学校と地域の連携	11
教職員間のコミュニケーション	0
教育公務員としての意識向上	5
教職員と児童・生徒とのコミュニケーション	5
学校教育目標の共通理解	0
教育課程・教育活動	26
組織・校務分掌	5
その他	11

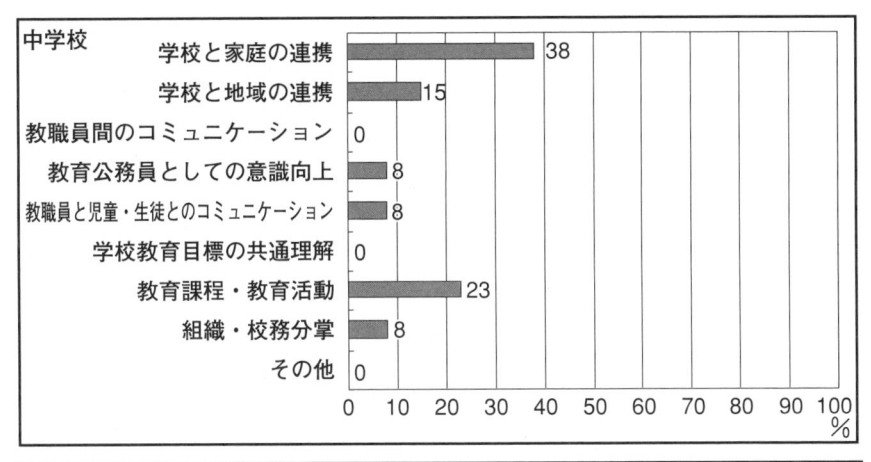

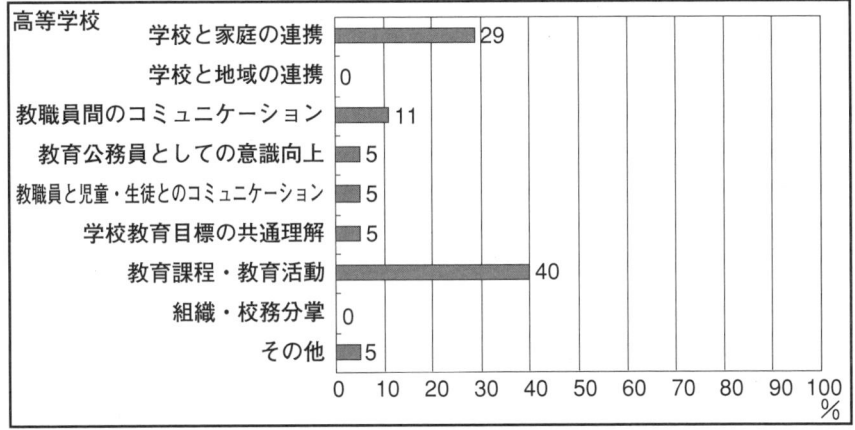

第4章 明らかになった学校評価の課題

中学校

項目	%
学校と家庭の連携	38
学校と地域の連携	15
教職員間のコミュニケーション	0
教育公務員としての意識向上	8
教職員と児童・生徒とのコミュニケーション	8
学校教育目標の共通理解	0
教育課程・教育活動	23
組織・校務分掌	8
その他	0

高等学校

項目	%
学校と家庭の連携	29
学校と地域の連携	0
教職員間のコミュニケーション	11
教育公務員としての意識向上	5
教職員と児童・生徒とのコミュニケーション	5
学校教育目標の共通理解	5
教育課程・教育活動	40
組織・校務分掌	0
その他	5

　学校教育自己診断によって改善できたことは何かでは、「学校と家庭の連携」が小学校で37％、中学校で38％と第一に多い。高等学校では「教育課程・教育活動」が40％と第一に多い。「学校と地域の連携」は、小学校で11％、中学校で15％と第3番目に多いが、高等学校では0％である。高等学校では小学校、中学校にはない「教職員のコミュニケーション」が11％で第3位である。

　実施による改善の第1位は、「学校と家庭の連携が深まった」で、第2位は「教育課程・教育活動」で、この2つの項目が群を抜いていた。

　しかし、「学校教育目標の共通理解」「学校と組織・校務分掌」「教職員間のコミュニケーション」「地域の連携」が改善されたという結果は大変少なかった。

2点目として,「学校教育自己診断」実施後の回収についてである。調査対象校のうち(2001年度までに学校教育自己診断を実施し,学校協議会を設置した府内68校),校長,教職員,児童生徒,保護者の4者に実施し,回収率がすべてに9割を越えている学校はA小学校の1校のみであった。
　特に,聞き取りの中では,教職員の回収に困難を訴える学校では生徒や保護者の回収率にも困難を感じている例が聞かれた。
　具体的な事例としては,校内の集計の結果,極端に回収率の低い学級は,担任は回答せず,児童生徒に「提出しても,しなくてもよい」という言葉かけをしていたり,保護者に対しても,特に回収についてのはたらきかけをしていないという事例が聞かれた。
　回収率の困難さを解決するには,学校全体の情報発信以上に,教職員の理解と教職員による児童生徒や保護者への働きかけが大きいと思われる。
　今回,各校種にアンケート調査を実施し,一部,学校長からの聞き取り調査も併せて行った。その結果の考察については,以下のようにまとめられる。

①学校長は,学校教育自己診断の意義等について共通理解を図るために,教職員・保護者等に対して,職員会議やPTA会議などを利用し,努力していることがうかがえた。
　　実施にいたるまでの経緯は各校それぞれあるが,いずれも「少し困難」を伴いながら学校改善の努力を進めていることが理解できた。
②学校教育自己診断によって,学校改善の実態やその実感が伴っているかについては,今回のアンケート調査では,中学校や盲・聾・養護学校は,その実感がまだ低いものの,小学校では,学校改善の実態が伴ってその実感がもてていることがうかがえた。学校改善の内容では,「学校と家庭の連携」が第一に多くあげられた。
　　このことは,学校教育自己診断によって,当事者である児童生徒や保護者のニーズが反映される手段が構築されたと理解できる。今後,学校教育自己診断によって「開かれた学校」を目指し,家庭や地域との連携が更に進むことが期待できる。
③学校協議会と学校教育自己診断については,結果の情報提供や結果に対しての意見を求めるなどの方策に学校側が積極的に取り組んでいることがう

かがえる。しかし，項目の検討などの参画には，どの校種もしていない状況であった。今後，学校協議会が軌道に乗っていけば，学校教育自己診断の実施に当たって，項目などの検討についてもお互いの連携が進むものと思われる。

④今後の学校改善に活かすための学校協議会の意見・フィードバック方法については，職員会議や学年便り等の通信を利用していることがうかがえた。インターネットなどの情報提供を試みているところはまだ少ないが，今後の方策として，学校改善策の共有化を図るうえでもインターネット等を利用した情報公開が増えていくことが望まれる。

　以上のように，私が研究主担者である大阪府教育センターの学校評価研究プロジェクトによる「学校教育自己診断」活用状況調査は，「学校改善への道筋─学校教育自己診断，学校協議会を活かして─」として2003年3月に刊行物としてまとめた。
　企業は徹底した市場調査による現状分析を行うことにより，戦略を立てる。学校においても客観的に，自校を分析する必要がある。そのためには，明らかになった学校評価の課題を解決し，有効に機能させたい。

第5章 チャンス，チャレンジ，チェンジ
～評価で変わる学校改善への道筋～

ここでは,「学校教育自己診断」を活かした学校改善の事例を具体的に示す。調査対象校選定の経緯については,以下のようである。

前章でも紹介したが,大阪府教育センターの学校評価研究プロジェクトによる「学校教育自己診断」活用状況調査アンケート結果として,「学校教育自己診断」を実施して改善したことの第1位に「学校と家庭の連携」,第2位に「教育課程・教育活動」が挙げられた。

しかし,「学校教育目標の共通理解」「学校と組織・校務分掌」「教職員間のコミュニケーション」「地域の連携」が改善されたという結果は大変少なかった。

私が研究主担者であった大阪府教育センターの学校評価研究プロジェクトによる「学校教育自己診断」活用状況調査は,「学校改善への道筋―学校教育自己診断,学校協議会を活かして―」として2003年3月に刊行物にまとめ,大阪府内（大阪市を除く）各小中学校や近畿地区教育研究(修)所に送付した。

調査結果の中で「学校と家庭の連携」,「教育課程・教育活動」に加えて,その他の項目にも改善が見られるA小学校があった。さらに,A小学校の「学校教育自己診断」実施後の回収率は,校長,教職員,児童生徒,保護者の4者ともに9割を越えていた。

その後,上記刊行物を省みて,「学校教育自己診断」を実施して改善したという学校の主観的な実感だけでなく,学校評価の定義や目的や役割に照らして検証していくことが必要であると考えた。

しかし,学校改善に活かすプロセスを詳細に分析するにあたって,多様な学校の背景や実態から総合的,構造的に把握することは容易でない。私は新たに本研究において,試みの一つとしてケーススタディを行うこととした。

本研究開始以前から,大阪府教育センターの学校評価研究プロジェクトによる「学校教育自己診断」活用状況調査をまとめた膨大な資料や内容の詳細についても,所有している。しかし,そのA小学校の資料は,本研究を目的として入手した資料ではないため,守秘義務（地方公務員第34条）により,ここでその資料を掲載することは,差し控えることにする。

第5章 チャンス，チャレンジ，チェンジ

1　改善事例との出会い

(1)　第1回目の「学校教育自己診断」

まず，A小学校第1回目の「学校教育自己診断」の結果（2000年度）として公開されている部分を，以下に示すことにする。

図1　A小学校第1回目の「学校教育自己診断」の結果（2000年度）

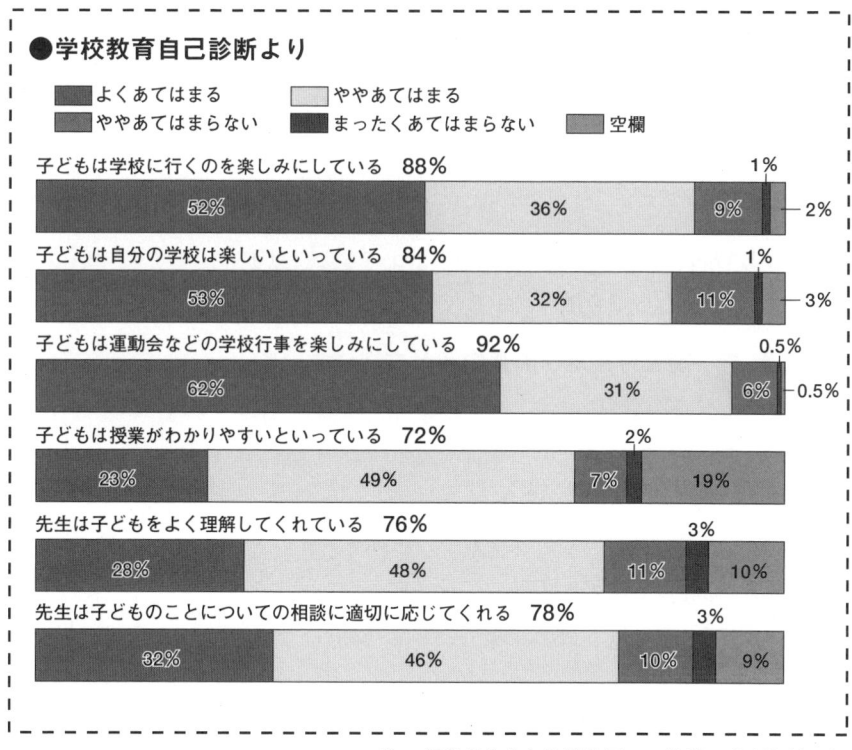

●学校教育自己診断より
　■ よくあてはまる　　□ ややあてはまる
　■ ややあてはまらない　■ まったくあてはまらない　■ 空欄

子どもは学校に行くのを楽しみにしている　88%
　52%　／　36%　／　9%　／　1%　／　2%

子どもは自分の学校は楽しいといっている　84%
　53%　／　32%　／　11%　／　1%　／　3%

子どもは運動会などの学校行事を楽しみにしている　92%
　62%　／　31%　／　6%　／　0.5%　／　0.5%

子どもは授業がわかりやすいといっている　72%
　23%　／　49%　／　7%　／　2%　／　19%

先生は子どもをよく理解してくれている　76%
　28%　／　48%　／　11%　／　3%　／　10%

先生は子どものことについての相談に適切に応じてくれる　78%
　32%　／　46%　／　10%　／　3%　／　9%

注：保護者を含む地域住民6000世帯に配布資料より

> ─学校教育自己診断─
> 　学校自己診断は，学校教育活動が児童の実態や保護者・地域住民の学校教育に対するニーズ等に対応しているかどうかについて，学校自らが診断票（診断基準）に基づいて学校教育計画の達成度を点検し，学校教育活動の改善のための方策を明らかにするものである。
> 　　　　　　　　　　　　　　　　　　　　　　　　　　　・大阪府教育委員会

・9月28日付で保護者の皆様に標記アンケートを実施しました。回収率93%でした。保護者の皆様の関心の高さが伺えます。
　近日，集計の完了する児童分と学校全体分を合わせて，データを報告する予定です。学年別集計については，10月26日の懇談会で発表させていただきました。
・アンケート実施にあたっては，学校協議会でも協議事項として一定時間話し合いました。
・「子どもの目を参考にしながら，学校を変えていくすぐれた取り組みだと思う」「担任に対する評価など，教師にとって痛烈な意見も出るだろうが受け止めてほしい」。こんな意見も委員さんから出されました。詳細は，次の機会に……。

　　　　　　　　　○A小学校学校協議会情報紙　創刊号2000. 11掲載より

「学校教育自己診断」の結果の詳細については，以下の調査で明らかにし，公開を許可されたものを随時，示していくこととする。

(2) 調査対象及び調査内容と方法について

① 調査対象

大阪府内A小学校（B教諭，C校長）
　私は試みの一つとしてケーススタディを行うことした。A小学校を選定した理由は以下の5点である。
　①継続して「学校教育自己診断」を実施（2000～2002年度，計3回）していること。
　②継続した「学校教育自己診断」の実施に，同じ担当教諭と校長（B教諭，C校長）がかかわっていること。
　③学校改善が特徴的であること。
　④学校改善事例に具体性があること。
　⑤学校改善事例に発展性が見られること。

② 調査時期

2003年1月～12月

(3) 調査内容と方法

① 大阪府教育センター学校評価研究プロジェクトによる「学校教育自己診断」活用状況調査アンケート(2002年11月)の回答にかかわったB教諭とC校長に，それぞれに1回で2時間程度のインタビューを4回実施した。

以下の点を重点項目としてインタビューを行った。

> ・学校や子ども，保護者，地域の様子
> ・「学校教育自己診断」導入時の様子
> ・「学校教育自己診断」導入後の様子
> ・大阪府教育委員会提示のひな型を改善した視点
> ・「学校教育自己診断」の活用

② A小学校の自主研究発表会に参加し，インタビューの回答と併せて実態把握した。

2003年1月末，A小学校は行政からの委嘱ではない，ボトムアップの研究発表を開催した。そこでは学校自らが，保護者・地域社会へ学校の取り組みを発信し，また評価を求める場とした。

全体研究発表において，私はインタビューの場で得たこれまでの学校改善の経緯を確認した。また，児童生徒，教職員，保護者，地域住民の様子を観察し，(1)のインタビュー内容との整合等の確認を行った。

③ B教諭とC校長における「信頼感」検討のため，質問紙による面接を行った。

調査方法として，個別面接法で行った。質問項目は，天貝（2001）『信頼感の発達心理学―思春期から老年期に至るまで―』(p.169)を参考にして私が作成した。面接者（私）が質問項目を提示して読み上げ，被調査者が口答によって回答したことを面接者（私）が書き取り，被調査者に再確認した。

面接に要した時間は，一人当たり90分から120分だった。

(4) 調査分析

　B教諭とC校長インタビュー調査と自主研究発表会参加による実態把握，さらに「信頼感」検討のため，質問紙による面接を行うことにより，大阪府教育センター学校評価研究プロジェクトによる「学校教育自己診断」活用状況調査アンケート上では見えなかった詳細が浮かびあがってきた。また，「学校教育自己診断」を活用した学校改善のプロセスが明らかになった。

　まず，B教諭とC校長のプロフィールを紹介する。

　B教諭（当時54歳）は，C校長（当時53歳）の1年後にA小学校に赴任した。B教諭はC校長と同校で以後6年間共に勤務した。担任から教務主任，地域連携担当として，教員歴32年目に定年退職した。その後，再任用1年で現在もA小学校で非常勤嘱託1年目として勤務しA小学校で7年目を迎えている。

　C校長の経歴は，国家公務員2年，専業主婦を10年した後，小学校教員として7年勤務した。担任経験はこの7年間だけである。その後，幼稚園長9年，指導主事1年，小学校教頭を4年勤めた。その後，新任校長としてA小学校に赴任した。ほぼ3年間で校長が転勤するケースが多い中で，小学校校長7年間をA小学校1校のみに勤務し退職した。2003年4月から私立幼稚園長となった。

① B教諭とC校長へのインタビュー

　B教諭とC校長へのインタビュー内容を記述する。また，インタビューの際に得た資料も示しながら分析を進めていく。

【インタビューによるB教諭からの聞き取り】
1．学校の様子と「学校教育自己診断」導入前後の様子

　「『今，あなたの学校のいちばんの自慢は何ですか。』と問われたら，『子どもの育ちです。』と，迷わず答えられる学校である。」とB教諭は誇りをもって語りはじめた。

　取り組みの経過として「猛烈なスピードと計り知れないエネルギーを結集して」至った学校改革の取り組みがあった。それは次の3つの視点からであった。

　◇教職員の意識改革

◇指導の改革システム化と協働化
◇保護者・地域への発信と連携から
　第1の取り組みは,「学校再生プロローグ」として始まった。1996年新任校長としてC校長が直面した問題点と最初の取り組みであったとB教諭はとらえた。これは,ボトムアップ方式の校内世論の形成のプロセスであったといえる。以下にその詳細を記述する。

2.「学校教育自己診断」導入前の学校の状況
① 保護者とのトラブルが連続して起こった。
　新興住宅地として広がったA小学校区は,旧市街地と比較して明らかに保護者の価値観が多様であったとB教諭はとらえた。また,地域や保護者間のつながりや人間関係は希薄であった。同じ中学校区で,隣接する小学校に勤務していたB教諭にもA小学校の保護者のトラブルは聞こえていた。
　B教諭は転勤して,生徒指導を担当した。集団万引きをして指導を受けている子どもと保護者の態度に唖然とした。とても,指導が届きにくい状況であった。
　また,地域運動会の行事に参加するのは,校長・教頭のみであった。教職員の意識は,「地域と自分たちは関係ない」という状況だった。
② 子どもたちの問題行動が頻発した。
　隣の学校に勤務していた時のB教諭は,「A小学校の状況を何とかすればよいのに」と,外部から見ても感じていた。
　その隣の学校からA小学校に転勤してB教諭が見た実態は,外部から感じ,想像していた事を超えるものであった。
　児童が授業を抜け出す等の授業不成立や集団万引きの発生等,「荒れ」はあちこちに見られた。
③ いわゆる「学級崩壊」が顕在した。
　複数の学級が,明らかに授業不成立の状況になった。高学年の「荒れ」が校内全体に広がっていった。厳しい指導を行う教師に対しては,保護者の批判や苦情が頻繁にあった。子どもの到達レベルを下げる担任が増え始め,悪循環は繰り返された。
　中学校の生徒指導主事がA小学校に来校した際,「職員室の雰囲気が隣の小学校とは違う」と言われた。外部から見ても,教員同士は冷ややかな関係で,学校組織としての対応は,いわゆる「学級崩壊」に対しても見られなかった。

3．「学校教育自己診断」導入前の状況に対しての取り組み

① すべての授業に保護者の参観を認めた。

体罰に代表される人権感覚のなさが，教師の側にあった。C校長が教職員に「状況を公開して保護者に把握していただく必要がある。」と伝えた。どうしようもない状況から教職員から出た意見であったので反対もなかった。

しかし，来校する保護者の当初の様子は，参観というよりも「監視」状態であった。教師の指導の間違いを指摘する分厚い文書が校長に届けられた。ますます，窮地に追いこまれることになった。

地域との連携を振り返れば，6・7年前に，地域運動会の行事に参加するのは，校長・教頭のみであった。現在は，3分の2程度の教員が学校の休日に地域運動会に参加し，係も分担している。「学校教育自己診断」導入前後の教職員の地域へのかかわりが変容したことが明らかになった。

4年間学校協議会委員を務めるEさんからは，「『先生方に来てください』とお願いはしない。平素と違う子どもの姿を教師も見る。子どもも平素のかかわりでない先生とかかわる中で，互いをよりよく理解し合う機会になる。」と言われている。学校の「荒れ」を地域性の問題としているかぎり，問題は解決しないと，B教諭はとらえた。

ここでは，保護者や地域住民の協力を得ながら変わろうとする学校のスタートが，最悪の実態から始まったということが確認された。

② 管理職を中心に授業サポートを行った。

授業不成立の状況から，教員も了解した。当時の教頭が授業に代わりに入ることもあった。指導力が問われる中，全体の状況に変化が見え始めた。危機意識の芽生えの時期と思われる。

改革の意識が乏しい教員に対して，校長は初めて冬休みの宿題を出した。「この状況を変えて行くにはどうすればよいか」という教員の考えを校長に提出した。

③ 学校による保護者への説明責任を明らかにした。

授業不成立の学級に対して「学級懇談会」をもった。日常的に課題別，問題別等の懇談会をもった。校長室には絶えず保護者が抗議に訪れていた。

当時，学校に対して激しい抗議を続けた保護者は，現在では学校のサポーターとして大きな協力者となっている。

個別の事象に対して，丁寧に説明責任を果たしていく一方，結果責任が問われていった。成果としての子どもの変容が何よりの結果責任を果たすことになった。

第5章 チャンス，チャレンジ，チェンジ

④ 「教育課程検討委員会」を設置した。

校長が教員に初めて提出を求めた「この状況を変えて行くにはどうすればよいか」という考えをまとめて「教育課程検討委員会」を設置した。

校長，教頭，学年から1名，教務・生徒指導・研修各部から1名で組織された。その特徴は，オープン参加でだれでも出席する権利があった。「私には関係ない」とは言えない組織であった。

議題は人権の問題，学級の荒れ等で，その時々の問題を解決するため熱く語られた。何人かのミドルリーダーが中心になり，機動性があり，フットワークが軽く，実効ある組織として運営された。この委員会が核となり校内世論を結集していった。

第2に，「教職員の意識改革～学校教育目標の共有化～」へとすすんでいった。

① 学校教育目標を見直した。

B教諭だけでなくどの教員も，これほど学校教育目標について論議をしたのは，教員になってから初めてだった。

C校長が1997年から学校教育目標を見直しを提起していた。保護者アンケート等の結果もふまえて，3年後の2000年に教育目標が改訂された。

```
1999年度までの学校教育目標
 人間尊重の精神を基盤にして人間性豊かで想像力に富んだ，しかもたくましい児童の育成を目指し，楽しい学校づくりに努める。
```

```
2000年度からの学校教育目標
 個が輝く楽しい学校
```

学校教育目標の見直し，確立に向けて，校長から教職員への強い意思表示が見られた。C校長が書かれ，日本教育新聞（2001.1.12）に掲載された一部を紹介する。C校長の学校教育目標に対する考えがうかがえる。

「学校にしっかりしたバックボーンがあるかどうかで，その学校の活力は占える。バックボーンは学校運営の要であり，教職員の共通認識の要でもあり，保護者や地域からの信頼醸成の要諦となるものである。

学校のたたずまいはいくつかの要素で決まる。それは教職員の力量の総体，子どもたちの実状，家庭・地域の実態等である。これらの組み合わせ

によって学校のたたずまい，有り様は決まっていく。
　学校としてのバックボーンをより強固で価値あるものとするためには前述の要素を見つめ直したり，育てたりしていくことが大切になる。この時に，何より求められているのが教育目標である。
　したがって私は，学校教育目標それ自体が，学校のバックボーンなのだととらえている。アメリカのある調査によると，教育効果の高い学校は，一つには，全教職員に共有化ができていたとか。（後略）」
② 生活指導体制のシステム化
　・頻発する生活指導上の問題に生活指導体制のシステム化を提案し，承認された。
　・問題行動の未然防止を徹底した。
　・学校全体としての問題ととらえたマニュアルづくりをした。
　全体で確認し，みんなで解決するという当たり前のことを当たり前にした。
③ 交換授業，地域連携の試み
　・ＰＴＡ・青少年健全育成団体との連携を強化した。
　・学校の窓口として「地域連携担当者」にＢ教諭が配置された。
④ 道徳教育全体計画を確立した。
⑤ Ａ小学校「新教育課程」プロジェクトを発足させた。

校長会が提唱して組織されたこの組織にＡ小学校長が代表として，教職員がいくつかのポストについて，内外に大きな影響を与えた。

さらに，第3として，「21世紀のＡ小教育を拓くために」と題し，指導の改革／システム化と協働化としてまとめられる。
① アンケート調査や教育懇談会による課程の把握
　「どうみるＡ小っ子」をテーマにパネルディスカッションを実施した。
　振り返れば，保護者による参観から参加，そして参画への第一歩となっている。また，次々と学校独自のアンケートの実施や教育懇談会等を実施した。保護者や地域のニーズや願いを受け止める努力を続けた。
② 学校教育目標決定と学校協議会の発足
　2000年度に膨大な時間を費やして学校教育目標が決定された。同時に以下のように，目指す子ども像も決定された。

第5章　チャンス，チャレンジ，チェンジ

```
1999年度までの目指す子ども像
 1．明るく元気な子
 2．ねばり強くがんばる子
 3．なかよく助け合う子
 4．深く考え，問い続ける子
```

```
2000年度までの目指す子ども像
 ・学び合う子
 ・育ち合う子
 ・感じ合う子
  ・・・そして行動へ
```

　1999年度までの目指す子ども像をベースに教職員，保護者の願いを加味し，単純な形に理念を表現した。知・徳・体・美を織り込んだものとした。
　知は，学び合う子，徳・体は，育ち合う子，美は，感じ合う子とした。友だちとかかわり合って共に伸びていくようにとの願いをこめた。
　教室前に掲示し，子どもたち自身が「自らの主体的努力目標」となるような表現に心がけた。「そして行動へ」をつけ加え，身につけた知識や技能や能力が具体的な行動で表されるよう意図した。
　「国連人権の10年」や「児童の権利条約」の通り，あらゆる子ども，すべての子どもたちの発達への願いをこめた。
　　めざす学校像（学校の姿，イメージ）「花と緑と生き物たちと世界に広がる青い空」
とした。
　これらはすべて，C校長が提起して，教職員が考えを出し合い決定されていった。
　「学校教育自己診断」を初めて実施した2000年度に，「学校協議会」が発足した。驚異的なスピードと労力を全職員が傾けた。この年度につけたA小学校の学校教育再構築力は，画期的なものである。そして，さらに，加速度とパワーが増していった。
　これは，C校長がこれまでに構想していたものであったが，第1回目の学校教育自己診断の結果が客観的事実として教職員に示されることになったといえる。校長の独断的な発想や夢の押しつけや単なるイメージでもなく，明

らかなデータとして示され，C校長の提起によって，活用されたということである。
　それを受けて教職員が個々に力を発揮し，知恵を出し合い，教職員全員参加による学校教育目標，目指す子ども像，目指す学校像の共有化を図りながら決定していったことは大きな意味をもつ。
　加えてB教諭の役割は，地域連携担当という新たな校務分掌の責務を果たしていったことであった。学校の内だけでなく，学校の外に向けた窓口は，教職員と保護者や地域住民をつなぐ役割として校長・教頭であることがこれまでは多かった。
　同時に学校協議会の設置という時期を得て，地域連携担当は学校協議会情報紙の担当となり，教職員はもとより保護者・地域住民に対して，透明性のある学校改善に向けた取り組みを随時伝える役割も果たしていったのであった。

③　総合学習の学年別カリキュラムを完成させた。
　学校特色のキャッチフレーズ（総合学習の柱）を「校庭から世界へ」（環境教育）とし，環境を自然環境，社会環境の広義にとらえたものとしている。
　　・基本的信頼感（自尊感情）
　　・交わりの力
　　・社会参加の力
　以上の3つのキーワードとし，発達段階に応じて，交わる力を広げていくよう系統的に配列した。A小学校教育指導計画を作成し，さらに，教科学習との連携，「人権としての教育」「人権の教育」を貫く。その目指す先には，21世紀の主人公たる市民的資質を身につけた人間の育成がある。これを補足説明するため，A小学校から地域住民への配布物の一部を次ページに示す。

④　少人数加配にかかわる授業実践の研究
　「わたしが教える」から「わたしたちが教える」へ教職員の共同意識を明確にした取り組みがあった。
　保護者の思いは多様ではあるものの，習熟度別授業にも取り組んでいった。学力実態調査の結果に見ると，成果は大きい。個に応じたきめ細かな指導を可能にしたといえる。

⑤　「評価」「通知票」にかかわる検討
　新教育課程が導入される2002年度を前倒しして作業であった。NHK取材による放映でも注目された。
　その詳細については，D教諭が，2003年3月に発表（大阪府教育委員会・

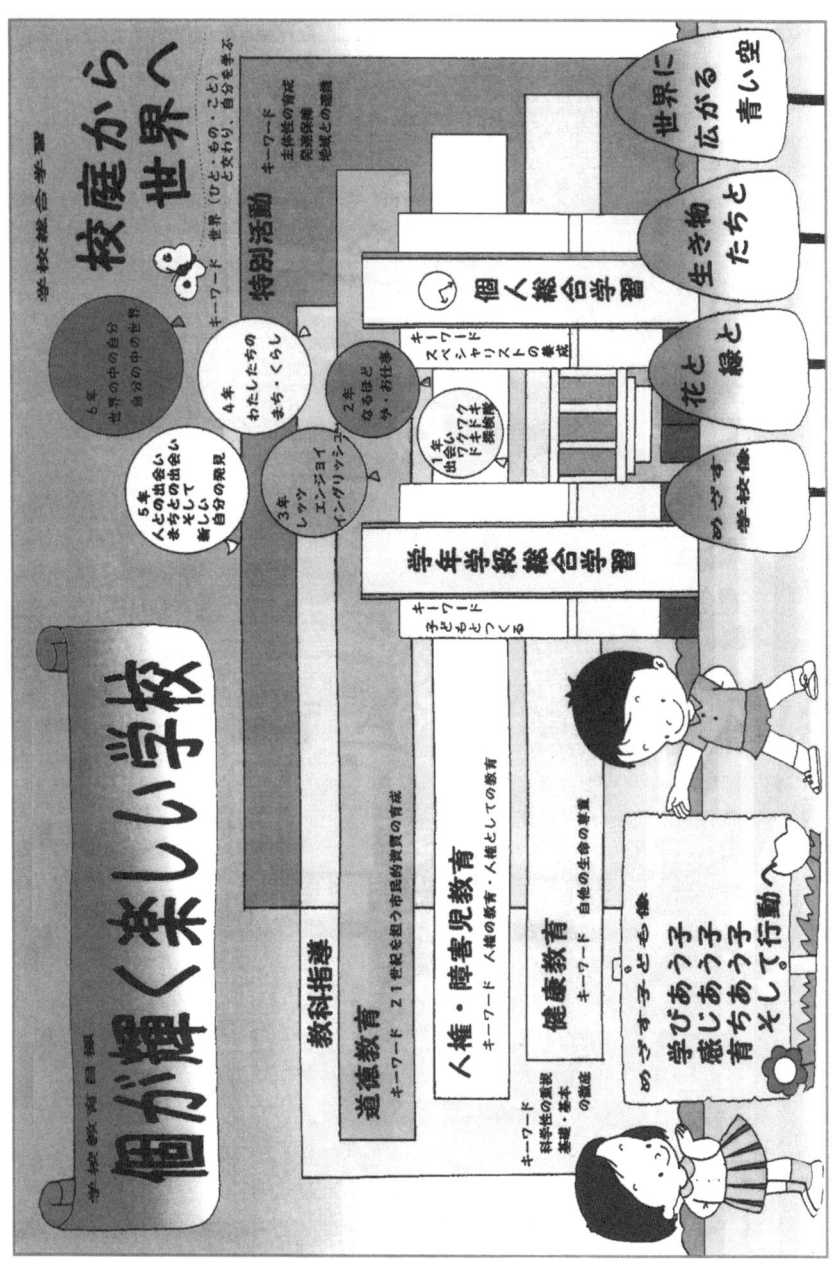

第5章 チャンス，チャレンジ，チェンジ

[図2] A小学校　学校教育全体計画　2000年度

大阪教育大学連携プロジェクト　スクールリーダー・フォーラム０１「学校教育自己診断」を実践する－学校を開く試み－）した資料を以下に示す。

通知票は子どもの学力を適切に評価できるように工夫されている　40.4%

| 6.7% | 33.7% | 39.4% | 8.1% | 12.1% |

［図3］A小学校第1回「学校教育自己診断」通知票について保護者の結果（2000年度）

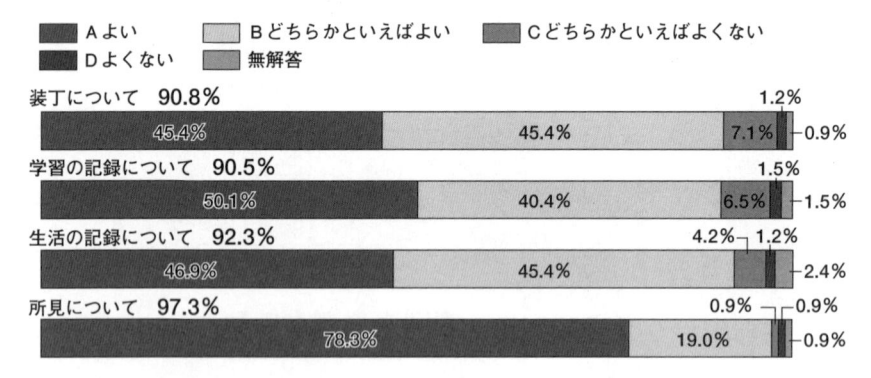

■Aよい　□Bどちらかといえばよい　■Cどちらかといえばよくない
■Dよくない　■無解答

装丁について　90.8%　　　　　　　　　　　　　　　　　　　　　　1.2%
| 45.4% | 45.4% | 7.1% | 0.9% |

学習の記録について　90.5%　　　　　　　　　　　　　　　　　　　1.5%
| 50.1% | 40.4% | 6.5% | 1.5% |

生活の記録について　92.3%　　　　　　　　　　　　　　4.2%　1.2%
| 46.9% | 45.4% | | 2.4% |

所見について　97.3%　　　　　　　　　　　　　　　0.9%　0.9%
| 78.3% | 19.0% | | 0.9% |

［図4］A小学校　通知票改訂後の保護者アンケートの結果（2001年度）

　この通知票改訂は明らかに「学校教育自己診断」の結果を有効に活かした事例であった。その過程で，D教諭から見たC校長に対する適切なリーダーシップ発揮への承認や強い信頼をその文面に見ることができる。

　なお，D教諭は2003年4月にA小学校から転勤したため，その後の詳細なインタビュー調査は実施していない。

　第4としては，「個が輝く楽しい学校を目指して　～保護者・地域への連携～」が確立され，今日的課題が組織的に解決に向けて動いていった。
① 学校協議会と「学校教育自己診断」
　　大阪府内4校の学校協議会モデル校として2000年に活動を開始した。A小学校の学校協議会の特徴は，教職員の参加（管理職＋教諭4名）と公募委員の存在であった。
　　「学校教育自己診断」の項目で学習指導の理解度については，概ね7～9割の児童が「授業が分かる」と答えている。その中で3割に満たないクラスがあった。学級崩壊に近い学級であった。この診断がもたらしたものは，「子どもたちの健やかな成長，発達を願うが故により信頼される教員，学校でありたいと強く認識させられることになった。教職員の意識改革がゆるや

第5章 チャンス，チャレンジ，チェンジ

かではあるが，顕在化したと確信する。」とのB教諭の言葉に表れる。
　また，他の項目では，「子どもたちは，授業が分かりやすいと言っている」に対して肯定的に受けとめる保護者は91%，否定的は9%だった。
　「かなわぬ夢とひるむことなく100%を目指して挑戦していく」と，さらに教職員は決意したという。
　これらの診断結果については，学校協議会の協議内容として学校協議会発足の2000年第2回目から，協議されていた。
② 学校協議会の充実
　A小学校の協議会は，その先進的な取り組みだけでなく，その後も活気あるさらなる事業の展開を発展的に継続中である。
　・「地域の期待を反映する」評議機能
　・それぞれの「責任と役割を明らかにする」調整機能
　・「地域の活力を生かす」サポート機能
　3つの機能が総合的，有機的に結びつき，「特色ある学校づくり」等に見事に結実している。

　第5として「さらなる改革を目指して」では，まず学校の危機管理体制について触れる。大阪教育大学付属池田小学校で起こった児童殺傷事件後の学校に対する支援，協力体制は校区青少年を守る会や学校協議会によって，完璧なものであった。
　今も児童の安全確保のために，朝の職員打ち合わせ時，20分休憩時，昼休み，教職員が保安要員としての活動を継続している。
① クラブ指導を地域・保護者に委ねた
　小学校のクラブ活動は，たいていの場合，4月当初から始動することが難しい。しかし，A小学校では4月12日からスタートさせている。前年度からの綿密な計画をしているからであった。そこには，全教職員とクラブ指導を担当する地域・保護者の協力体制があった。
　28クラブ，47名のボランティアの指導者である。60分のバラエティーに富んだ活動が年間15回，一度も欠けることなく実施されていた。
　子どもの希望と一致しないクラブ，教職員の高齢化に伴って運動部が激減という事態はここには見られなかった。
② スクールモニター制度の導入
　学校評価に外部評価を位置づけた。学校協議会発足以来3年が経過し，さらに外部からの評価に耐えうる学校の創造にむけた学校改革プログラムの一

つの制度がスクールモニターである。
　62名の委嘱の中には最高齢81歳の方もいる。
③　A小サタデースクール開校
　学校週5日制の実施に伴い，「子どもたちの居場所を！」と，260名の保護者の参加でスタートした。絵手紙，トールペイント，陶芸，囲碁等14講座は今後さらに増える計画である。
　児童は参加も不参加も自由であり，講座の変更も自由である。2003年度の児童の出席率は全児童の90%である。
　講師は大半が地域の方で，たまたま講師先生の都合で休講になれば，児童たちからブーイングが起こるという期待の高さであった。
　囲碁講座の一例を挙げると，参加の児童は，「めっちゃ面白くて楽しいから・・・」と，底抜けに明るく答え，いつも1時間も前に来る児童もいる。

「おわりに」でB教諭はこう続けた。
　　　「正直疲れることもある。それでも人の敷いたレールを走るくらいなら，しんどくても自分たちのレールを。『ビー・オリジナル』『ビー・クリエイティブ』を合い言葉に。」
これほどまでに猛烈なスピードで走り続けてこられたのはなぜか。
　教職員にとっては，確かな育ちが見られる児童の姿がエネルギーであった。それは，共通理解し，共につくり上げた学校教育目標を具現化したものであった。そして，学校教育目標の根拠に，保護者の評価があった。また，その評価を活かした次の改善に取り組んだ。翌年，その取り組みに対する評価が返ってきた。これは，だれかに指示されて動く集団ではなく，個々に教職員が意志をもちながら，同じベクトルに向かい手ごたえを感じていくよい循環が，連続的なスパイラルとして巻き上がっていく学校総体の姿であった。その中で「学校教育自己診断」は，常に学校総体のアクションに対する方向性を導き，次のアクションを生み出していく原動力となったということである。
　また，B教諭が果たした役割は，「学校教育自己診断」の結果を改善に活かすために，校長と教職員をつなぎ，地域連携担当として学校と保護者や地域住民を子どもの育ちを要に結んでいった役割の大きさであったといえる。

【インタビューによるC校長からの聞き取り】
1．学校の様子と「学校教育自己診断」導入前後の様子
　2000年，第1回の「学校教育自己診断」実施から2年後，2002年に研究発表

大会を自主発表するに至った。それは、個々の教職員の学校や子どもの育ちに対する「創意」が「総意」となっていくプロセスであった。勤務する教職員の学校への誇りは、改善の取り組みへのこだわりそのものであった。「学校教育自己診断」実施後の取り組みは、次の4点を見直し改善を図ることにした。
　◇学校観
　◇児童観
　◇学習観
　◇指導観
その結果、次のようなことを実施した。
（1）KJ法での子どもの問題点が教職員から270点出され、育てたい子ども像の共有が図られた。
（2）新しい形の授業を創造し、当たり前と思うことの見直しをした。
　　　個に応じた授業や少人数授業、総合的な学習の時間の取り組み、また小学校英語活動など、新しい形の授業の創造は現在のカリキュラムの中で実施されている。
（3）校内の組織に「教育課程検討委員会」を設置した。
（4）学級経営アンケート「今日から明日へ」平成11年度「学級経営研究プロジェクト」（大阪府教育センター平成13年3月）を校内研修で活用し、各学級に実施した。
（5）総合カリキュラムを開発し、学校総合、学級総合（B教諭のインタビューで前掲）を実施した。
　　　目指す学校像を校庭から世界へ「花と緑と生き物たちと世界に広がる青い空」に決定した。
（6）学校の特色を「国際理解教育」とし、学年ごとのキャッチフレーズを作成した。
（7）地域に開く取り組みの展開として、教育課程大説明会を実施し、担当ごとに改革のポイント等を話し、全職員で説明責任を果たすようにした。

2．大阪府教育委員会提示のひな型を改善した視点

診断結果を明日の教育に活かすための分析にした。第1回目の実施（2000年）では、ほぼ大阪府教育委員会が示すひな形通りの項目にした。
教職員や学校協議会委員で検討し、A小学校独自の改訂は次の3点であった。
（1）児童用は分かりやすくするために、表現をやさしくした。
（2）保護者用は、学校への関心度を問う欄を設けた。

(3)「Aよくあてはまる」〜「Dまったくあてはまらない」の4段階に加えて「E判断できない」を加えた。
　評価結果の項目は、プラスイメージとマイナスイメージの各7点に焦点化した。
　全体の総括については「分かりやすく」「簡便に」、しかも明日の教育に「いかに活かすか」の観点でまとめた。
　そのためには、A小学校の教育についてそれぞれ（児童，保護者，教員，管理職）が、どのように感じ、どんな態度をもち、あるいは期待し、願いをもっているかについて、心に思い感じていることが今回の回答だと考えた。
　そこで各分野の設問と選択肢をプラスイメージとマイナスイメージに分けてとらえ考察することとした。

> プラスイメージとは、
> ・満足感のイメージ
> ・積極的，意欲的な受け止めをしているもの
> ・好感度，達成感がもてること
> ・設問の選択肢A，Bのこと
> マイナスイメージとは、
> ・充足感がないイメージ
> ・消極的あるいは否定的な受け止めをしているもの
> ・ある程度の未達成感を意味していること
> ・設問の選択肢C，Dのこと

　このような方法の分析、集計の中から4領域をある程度、構造化したり、発展させたりして以下のように「A小教育の7つのよさと7つの課題」としてまとめていた。この考え方や方法もC校長が自ら進めた分析であった。
　7つのよさに該当する項目に関しては、なお一層の磨きをかけるために具体的な改善策を各分掌や学年で話し合われた。
　集約された学校として、今後一層推進していく7点としての「A小教育の7つのよさ」は以下のようになった。

> 「A小教育の7つのよさ」
> 1．A小の学校生活は楽しく（児童・保護者）魅力ある活動がある。
> 2．授業も楽しい。（いろいろな活動形態）
> 3．環境が整備されていて参観の機会も多い。
> 4．しつけ（悪いことは厳しく）もよく行われている。
> 5．特色ある教育活動が行われている。
> 6．教育活動が盛んで実践性をもっている。
> 7．教職員の協力、一致体制が機能している。

「7つの課題」に関しては，まずは教職員で課題意識の共有を図ることが重要であった。
「7つの課題」と話し合いの結果生まれた具体的な改善策は以下のようになった。

> 「A小教育の7つの課題」
> 1．子どもの心の教育（道徳，カウンセリングマインドを含む）の充実を
> 2．子どもたちの活動のより活発化を
>   （学級会等での発言，クラブの工夫，対外交流）
> 3．通知票（評価）の工夫改善を
> 4．個に応じた指導のより工夫改善を
> 5．子どもたちのプライバシーの一層の保護体制を
> 6．コンピュータの一層の活用を
> 7．相談体制（担任外との）の充実を

学校全体の集計結果をイメージによって分析し，学校が児童，保護者から高いプラスイメージでとらえられるよう慎重に全教職員で意見交換を十分して考察していた。組織体としての学校の資質向上を図ることを目指したといえる。
第2回目の実施(2001年)では，評価項目はこれらの各7項目の14項目に絞って実施したことも特徴的であった。学校独自の評価項目改訂には学校の強い主体性がうかがえた。
(後に，その改訂した第2回目の実施(2001年)の「学校教育自己アンケート」を示す)

3．「学校教育自己診断」の活用
（1） 1回目の「学校教育自己診断」結果に対応した具体的方策を実施した。
診断結果をC校長が分析して教職員に提示し，課題解決のための具体的方策を教職員が考えた。さらに課題に応じて分掌別，学年別，学級別に検討した。
すぐに取りかかれる具体的な課題と中期的な課題，長期間を要する課題とに分けた。
具体的，短期的に解決できるものはすぐに課題解決に取りかかり，一定の結果を出して児童や保護者の反応を見ることにした。中長期的なものは，取り組みを行いながら解決できるよう，課題について日常的に意識していなければならないことを教職員は常に自覚することになった。「具体的方策」としては次のように集約された。

「7つの課題解決の具体的方策」
1．子どもの心の教育（道徳，カウンセリングマインドを含む）の充実
　　○A小学校の道徳教育全体計画の見直しを行うとともに，新しい全体計画に則って道徳教育年間計画を作成する。学校教育全体を通して実践できるよう領域別（特設道徳，総合的な学習の時間，教科指導，行事，教科外指導）に作成し，実践した。研究授業を行い，指導力の向上を図った。
　　○夏季休業等を利用して，全教員で研修を行い，カウンセリングマインドをもった心に迫る指導の在り方について学び，実践した。

2．子どもたちの活動のより活発化（学級会等での発言，クラブの工夫，対外交流）
　　○子どもの主体性や創意を生かした児童会活動の工夫を行った。
　　○クラブ指導者を地域のより高い専門性をもった方々に委ね，教師はサポート役を務めた。28クラブ56名のボランテイア指導者で開始した。

3．通知表（評価）の工夫，改善
　　○2001年度から新しい通知表が使用できるよう，改訂作業に取りかかり児童，保護者のーズに素早く対応できるようにした。
　通知表の工夫改善は，短期間で目に見えるかたちで児童や保護者にこたえることができる課題であった。具体性をもっているので取り組みやすいというC校長の考えにより，当初，研究部は次年度から改訂する予定であったが，早急に取り組まれることになった。
　学校教育自己診断の「通知表は子どもの学力を適切に評価できるよう工夫されている。」の項目にプラスイメージをもっていた保護者は40.4％で，マイナスイメージは，47.5％であった。
　改定後すぐに実施した新しい通知表についてのA小学校独自のアンケート調査には，劇的な変化が見て取れた。装丁については90.8％，学習の記録については90.5％，生活の記録については92.3％，所見については97.3％のプラスイメージの回答が得られた。（結果のグラフはp.98参照）
　所見欄は新しく設けたものではなくこれまでの通知表にもしっかりしたかたちで設けられていたのであるが，スペースをかなり広くしたことが，保護者に歓迎された。

4．個に応じた指導のより工夫，改善を
　　○3～6年生の算数科で習熟度別少人数指導を実施した。

5．子どもたちのプライバシーの一層の保護体制

> ○教師が言動に注意することが一番大切。これを機会にワープロ，コンピュータ等の情報管理も徹底し，個人情報の保護を図った。
>
> 6．コンピュータの一層の活用
> ○一人一台ずつのパソコンが導入され，新しい機器が入ったこと，教師の研修機会が府，市により増やされたこと等から，使い勝手がよくなるとともに教師の指導技術も向上し，よく活用されてきている。さらに情報教育担当者を中心に一層の活用がなされるよう校内研修を重ねていった。休憩時間のコンピュータ室の開放を行った。
>
> 7．相談体制（担任外との）の充実
> ○3年生以上で合同授業や交換授業等を行い，より多くの教員と接する機会をもっているが，今回の診断結果を視野に入れ，一人一人の教員の意識化を図っていった。

（2）プラスイメージの質の変化を分析した。

2001年度は，2000年度の「A小7つのよさと7つの課題」に該当する項目にしぼって，児童と保護者を対象に診断を実施した。

その2回目の実施として改訂された診断項目（保護者用・児童用）は，p.107～p.108の通りである。

集計と分析については，学級別，学年別，学校全体と2000年度と同じように行った。学校全体の考察はプラスイメージのとらえ方をAとBの量的なとらえ方ではなくAに着目して，質的にはどのような変化があったかをみて，ダブルスタンダード的にとらえるようにした。

一応目安として評価を4段階で行った。その結果，よさの項目は一層高くなっていたが，課題の面では困った時の相談は下降気味であり，秘密を守る，意見を聞く，困った時は一緒に考える等は大差のないことが判明した。引き続き研修，研鑽を行い地道な努力が求められた。

第1回目（2000年度）と第2回目（2001年度）の比較分析の詳細にあたっては，以下のねらいと処理方法で実施している。

ここでは，1回目と2回目の実施を同じ項目について比較分析していた。つまり，取り組みが効果的であったかどうかの検証が行われているということが評価される。

ア．調査の分析のねらい

　教育の現状を保護者や児童たちの目（イメージ・心）ではどのように捉えているのか。これら第三者的な人々が捉えている認識をベースに課題を一層確かなものとし，今後の教育を拓いていかなければならない。

イ．集計データの処理方法について

① 前回は4者（保護者・児童・教職員・管理職）の膨大なデータ処理であったため，最もシンプルにつかみやすくするため，イメージによる分析法を採った。今回はそのうちの2者（保護者・児童）だけで，しかも設問が整理されていて少なくなっている。しかし，考察のためには前回と今回のデータ比較が必要となってくる。

② そこで，前回同様，イメージによる分析に基づきながら，今回は新たにA，向上度（第三者から見て，どう変わったか。これは教職員の立場からは努力度でもある）の様子の把握に努めた。

③ 向上度，量的・質的，それらの相関性で捉えてみることにした。

④ こうしたデータをもとに，設問・観点別評価を試みた。これらは今後の個別問題への取り組みに役立つと考える。

⑤ 最後に，学校としての全体課題と展望をまとめた。

　教職員にとっては，焦点化した課題に対して，日々取り組んできたことが，どのように児童や保護者に反映したり感じられたりしているかという評価を受けることになった。具体的でかつ展望の開ける評価となった。

　それらはまた，学校教育目標の具現化となるという意識も明確であったため，意識改革につながり，勤務する学校への誇りをはぐくんでいったと思われる。また，繰り返す度に学校の未来像を明らかにする校長の総括の手法にも強い信頼が寄せられていったことは，教職員の取り組みから察することが可能である。

（3）継続して課題意識を共有した

　2002年度は12月に「学校教育自己診断」を実施した。項目は，「7つのよさと7つの課題」を中心に整理したり，新しい項目を追加したりした。集計，分析等は前2回と同じようにした。全体的な傾向は前回に比べ大差ないものの，微妙に変化している部分も見受けられた。

第5章 チャンス，チャレンジ，チェンジ

| 平成13年（2001年）度　学校自己診断アンケート（保護者用） |

年　　組

A　よくあてはまる
B　どちらかといえばあてはまる
C　どちらかというとあてはまらない
D　あてはまらない
E　わからない　　　　　　　・ＡＢＣＤＥのいずれかに○印をおつけください。

Q1　学校は施設・設備面での環境整備を十分に行っている。　（A B C D E）
Q2　学校は施設・設備の点検や事故防止に配慮している。　（A B C D E）
Q3　学校は子どもに社会のルールを守る態度を育てようとしている。
　　　　　　　　　　　　　　　　　　　　　　　　　　　　（A B C D E）
Q4　子どもの間違った行動には厳しく指導してくれている。　（A B C D E）
Q5　学校は創意工夫のある教育活動を行っている。　（A B C D E）
Q6　学校は保護者・地域の願いに応えている。　（A B C D E）
Q7　学校は生き方を考える心の豊かな子どもを育てようとしている。
　　　　　　　　　　　　　　　　　　　　　　　　　　　　（A B C D E）
Q8　学校は子どもに生命や人権を尊重する意識を育てようとしている。
　　　　　　　　　　　　　　　　　　　　　　　　　　　　（A B C D E）
Q9　先生は子どもの能力や努力を適切・公平に評価している。　（A B C D E）
Q10　先生は子どもをよく理解してくれている。　（A B C D E）
Q11　先生は子どもの人権を尊重する姿勢で指導に当たっている。
　　　　　　　　　　　　　　　　　　　　　　　　　　　　（A B C D E）
Q12　学校では子どもに関するプライバシーが守られている。　（A B C D E）

┌─ ■この項でCまたはDとお答えになった方は，どんな時にそう感じられましたでしょうか？　文章記述でお願いいたします。─┐
│　　│
│　　│
│　　│
└──┘

Q13　保護者が連絡したことに学校は適切に対応している。　（A B C D E）
Q14　先生は子どものことについての相談に適切に応じてくれる。
　　　　　　　　　　　　　　　　　　　　　　　　　　　　（A B C D E）

◎そのほか，学校に対するご意見・ご感想があれば以下の余白にお書きください。

| 平成13年度（2001年度）学校自己診断アンケート（児童用） |

年　　　組

A　よくあてはまる
B　どちらかといえばあてはまる
C　どちらかというとあてはまらない
D　あてはまらない
E　わからない

1	学校が好きである。	(A B C D E)
2	学校生活は楽しい。	(A B C D E)
3	運動会などの学校行事は楽しい。	(A B C D E)
4	保護者や地域の人といっしょに学習や作業をすることがある。	(A B C D E)
5	授業で実験・観察したり学校外へ見学に行くことがある。	(A B C D E)
6	授業で自分の考えをまとめたり発表することがある。	(A B C D E)
7	授業で分からないことについて先生に質問しやすい。	(A B C D E)
8	授業が分かりやすい。	(A B C D E)
9	学校の道具や器具がこわれたときにすぐ修理してくれる。	(A B C D E)
10	学校や社会のルールについて学習する機会が多い。	(A B C D E)
11	大人になったときの職業（仕事）について考える機会がある。	(A B C D E)
12	世界の国や環境と私たちの関係について学習する機会が多い。	(A B C D E)
13	担任の先生以外に教えてもらう機会がある。	(A B C D E)
14	授業で豊かな心や人の生き方について考えることがある。	(A B C D E)
15	命や人権の大切さについて学習する機会が多い。	(A B C D E)
16	児童会活動は楽しい。	(A B C D E)
17	委員会活動はやりがいがある。※５６年	(A B C D E)
18	クラブ活動では参加したいクラブが多い。※４５６年	(A B C D E)
19	学級会では意見を発表する機会が多い。	(A B C D E)
20	担任の先生は教え方にいろいろな工夫をしている。	(A B C D E)
21	担任の先生は学習で自分が努力したことを認めてくれる。	(A B C D E)
22	担任の先生は他の子に知られたくない秘密を守ってくれる。	(A B C D E)
23	担任の先生は私たちの意見を聞いてくれる。	(A B C D E)
24	担任の先生には相談しやすい。	(A B C D E)
25	担任の先生は私たちが困っていることについていっしょに考えてくれる。 (A B C D E)	
26	担任のの先生のほかにも困ったときに相談できる先生がいる。	(A B C D E)

◆　そのほか、学校について意見やお願いがあれば書いてください。

授業については（授業が分かりやすい）質的な面（A評価）で下降しているので大きな課題だととらえた。また児童の実態を把握するため学力診断テストを実施することとした。

他の課題については，これまでどおり課題意識を共有して根気よく地道に取り組んでいかなければならないと共通理解していた。

(4) C校長のむすびの言葉

「3年間連続して，『学校教育自己診断』を実施してきた。初年度は調査対象を4領域にしてモデルに忠実に完全な形で行い，後の2年間は児童（4～6年生），保護者（1～6年生児童数全員）に悉皆調査を行った。

これまで外部からの評価の経験がなかったことなどから厳しいものがあったのは事実であった。しかし，これまでの学校評価は学校内部の者だけが行っていたので，どうしても甘くなってしまうこと，些細な問題の論議に長時間が費やされ，肝心の学校教育目標の達成はどうかについてまで真剣な論議が進まない傾向があったことは否めない。そのため，せっかく明らかにされた結果の問題解決が先送りになったり，前年踏襲の繰り返しとなってきた。

教育は国家100年の計と言われている。今が混沌とした厳しい時代であるからこそ，なおのこと，人々の教育に対する期待は大きく，その分学校を見る目には今までにない厳しいものがあった。教育改革は矢継ぎ早に行われているが，そこに活路を見出したいとの願いも込められていた。多くの面で学校は制度疲労を起こし，学校だけの力では根本的な改善が困難な所も見受けられた。」

以上のC校長の振り返りは，意義深いものであった。

A小学校は学校教育目標の達成のために，自主性，自律性を大切にしながらも，外部の意見に謙虚に耳を傾け，時には外部の力を借りて学校教育の質的向上に努めてきたといえる。「学校教育自己診断」は，A小学校全教職員に，このように意識変革の機会も与えたといえる。

以上がB教諭とC校長から聞いたインタビュー内容にもとづく分析である。

どちらも「主体的，創造的に」という言葉を繰り返し言われたが，これほどまでに継続的発展的な取り組みが組織的に可能であったのは，なぜか。さらに実態確認のため，Ａ小学校の自主研究発表会（2003年1月）に参加して，インタビュー調査の再確認も試みた。

②　Ａ小学校の自主研究発表会(2003年1月)参加による実態把握

　行政からの委嘱ではないボトムアップの研究発表であった。Ａ小学校自らが，保護者・地域社会へ学校の取り組みを発信し，また評価を求める場としたのである。

　会場は全国から1000名以上の参加者であふれていた。土曜日の開催，中には北海道から自費参加の教員も見られた。

　校長のリーダーシップのもと，全教職員の「創意」を「総意」に変えて改革に取り組んだ6年間を教職員が全体会で報告した。全教職員に自らの職責と誇りがあふれていた。また，校長のリーダーシップへの賞賛は随所に表れていた。私はこれまで学校全体の研究発表会に参加した回数は恐らく100校を優に越えるが，これほど教職員が校長を中心に実効ある組織を運営し，校長への信頼やリーダーシップについて，具体例をもとに教職員が口々に賞賛する研究会はかつて経験したことがない。

　そして，何よりも「苦労に値する仕事をみんなでやっている」という実感は，子どもの姿に現れていた。全体会での子どもたちの様子はひたむきな態度そのものである。6年生の児童の歌声は，歌わされているのではない響きを確かに感じさせた。あきらめない，あきらめさせないやりがいが子どもの育ちとして明らかになっていく過程が全教職員の手ごたえと明日へのエネルギーになっているのは間違いなかった。

　さらに，保護者や地域住民の支援・協力体制の大きさに圧倒された。学校を誇りとしている姿や信頼，また期待の大きさ等をそのかかわり方や参加者への対応から確認することができた。

　インタビュー調査の内容と全体会の報告内容はすべて合致したものであった。インタビュー調査と重複するものは省き，新たにＡ小学校の自主研究発表会で得た資料をp.111～112に提示する。これまでＡ小学校が学校の改善に向けて歩んできたことをまとめたものである。

第5章　チャンス，チャレンジ，チェンジ

表1　A小改革への道すじ「創意」を「意欲」に！

年	A小改革への道すじ	校内研修	研修往来	○○○の動き	中央の動き
一九九六年	校長赴任「何の問題もない学校」?! ●連続して起こる保護者とのトラブル（人権問題に発展する可能性も…） ●児童による問題行動（集団万引き事件等）頻発 ●授業崩壊！ ⇒・授業の常時間開放、参観！ ・学校による説明責任（一部教師中心に授業サポート） ・冬期休業中の宿題／A小改革の具体策を考える。全員文章発表 ・一部文集授業開始 ○教育課程検討委のスタート（改革の第一歩） ・管理職・各学年、部長最少1名＋自由参加		講師等派遣した教育等視察等来校された方々	○○市立△小学校「新教育課程PJ」を中心に	子どもに 「生きる力」と 「ゆとり」を 07.19.（中央教育審議会）
一九九七年	改革元年！ ○教育課程検討委が機能！　課題の確認、校内世論の形成 ○生活週休体制のシステム化（学級・学年 ⇒ 全校で） ○校長・学校教育目標の確立（改訂）への強い意思表示！ ○交流授業　軌道に（全員で子どもに関わる） ○地域連携、青少年健全育成団体等への積極的な参加	「授業づくり、子どもを生かすこと」 講師（　）先生 「学校ジグソーランドになれるか」 ―学校の現状と未来を考える― 講師（　）教授			21世紀を展望したわが国の教育の在り方について（第2次答申） 今後の地方教育行政の在り方について（1998:09.30） 新しい時代を拓く心を育てるために（03.（中央教育審議会）
一九九八年	○事例検討委員会設置！（児童の問題行動、課題、あらゆる課題の意見交換・情報交換 ○道徳教育全体構想！（21世紀を担う市民創造の育成等） ○△△市立A小学校「新教育課程」プロジェクトの発足 ・学校改革へ加速！	「子どもたちの学習意欲を引き出すために」 講師　○○市立小　先生 「2002年に向けた教育課程の編成」 教育（大）校長　先生 教育課程の基準の改善の基本方向について 理科教育　講師　先生 国語教育　校長　先生 社会科教育　講師（市人権教研）		△△市立△小学校「新教育課程研究PJ発足」 校長（代表）・運営委員参加（1999.02.12） ・学校体制部会（校内の推進体制） ・授業部会 ・総合学習部会（基礎基本と総合） ・道徳部会（総合学習部をどうとらえるか） 研修会／「新しい教育課程をどうとらえるか」教育長	完全学校5日制の下で各学校がゆとりある教育活動を展開し、子どもたちに「生きる力」をはぐくむために（教育課程審議会06.
一九九九年	○21世紀のA小教育を拓くために ○○市立　小学校の学校サポート制度参考 ○学校改革につなげるアンケート実施！ ○開かれた学校「地域連携」が本格的に！ 教育C「学級経営研究」研究員（教諭）派遣	○21世紀のA小教育を拓くために 講師　校長　先生 「新教育課程と総合的な学習を進めるために」 講師　校長　先生 総合学習（国際理解）	07.23.　PJ主催：学校訪問 （市内13校中1校を除く全小学校が参加） 10.14.　大学　先生 11.10.　先生 01.21.　新教育課程・大研究会／先生 02.　・第1次報告書全員配布	○○市教育課程　市立　小　大学 カリキュラム研究室	児童生徒の学習と家庭の状況の把握の在り方について 12.17.（教育課程審議会）

111

年	「個が輝く楽しい学校」		
二〇〇〇年	○「個が輝く楽しい学校」 ・めざす子ども像・学校経営方針・めざす学校像 ・学習指導目標 学校教育目標 めざす学校像等 新教育課程学年別カリキュラム(総合学習)完成！キャッチフレーズも。 ○「学校協議会」(府下4校のモデル校) ・少人数授業に関わる実践研究開始 ・府教育委員会の支援向けて、地域向けビデオ作成・配布！(6千枚) ・「評価」「通知表」に関わる検討開始 ・学校経営研究/本校研究の成果をNHKが放映 ・校区青少年守る会と連携した生活科学習の取り組み(昔あそび)	・「総合的な学習のカリキュラム作り」と授業 講師／ 先生 市立 小 ・学級での荒れと子どもの学校生活 講師／ ( ) ・教育課程審議会中間まとめについて チューター	市長会参集／市校長会 市校長会 教育委員会 中 小 市立 中 小 市教育委員＆市教育委員＆市教育幹部 市立 小 市立 小	・総合学習教育誌「悠」PJの活動が紹介される 07.26. PJ主催 学校訪問 ・市立 小 市立 小 研修会 02.02.「子ども未来を拓く新教育課程」 講師／ 先生 (C校長) 02. ・第2次報告書 全員配布 ・PJ 市内研究組織再編により解散！
二〇〇一年	・新教育課程大説明会(評価と通知表) NHK放映！ ・校区青少年守る会・行政(土木事務所)等と連携した総合学習の取り組み(低学年/地域学習 中学年/水辺の学習・山の学校 高学年・日本の伝統文化・もちつき大会等への教員の参加) バイザー ・英語教育のカリキュラム完成！ ・池田付属小事件関連してすべての保護者に育児宅電話 釣り1ヶ月間 警察、市教委、すべての青少年健全育成団体、PTAを中心とする保護者の支援、強力体制が。 ・大阪市カテスト実施！(本校児童/優秀な成績) ・次年度教育重点 検討！クラブ活動に特色を(改革の重点) 第50回読売教育賞「都市における産業学習の一事例」優秀賞受賞	・「国際理解」教育 小学校における英語教育について 講師／ 先生 (市立 教育C) ・人権教育研修 講師／ 先生 (教育 C) ・危機管理研修(市教委＆教育) ・学校経営改革研修等	町教育委員会 市教育委員会 関西経済同友会 市教頭会	市教育委員会 教育事務所 区立小校長会 県 市教頭会 市立 小 市立 小 市立 小 市立 小
二〇〇二年	・クラブ活動指導者／地域＆保護者に委嘱 28クラブ 47名の指導者 4月12日スタート 60分×15回 ・習熟度別授業(算数)5名のモニター 本格的に取り組む。 ・スクールモニター制度導入 63名のモニター委嘱(6月) ・新教育課程を語るⅢ(新教育課程すべての疑問に答える) ・AJ小サタデースクール(ASS)開校 ・第35回大阪市公立小、中学校教育論文/AJ改革の道すじ「創意」を「総意」に！最優秀賞受賞 ○自主公開研究発表会(1月25日)	・道徳教育研修／講師 日本木造住宅産業協会 主催 初任者研修(中小学校 校長) 先生 業 初任者兼初任者研修、文部科学省 優秀作文コンクール2年連続最優秀団体賞受賞！ ・国際理解研修 任意研修 ・ADHD研修 ・専門校 LD、教育 スーパーバイザー)	社団法人 日本木造住宅産業協会 主催 初任者研修(中小学校 校長)	県 都 教頭・園長 市校長会 小(4名) 市教頭会 小(5名) 市立 小(7名) 都 小(いずれか数頭7名) 市立 小(2名) 市校長会 校区青少年守る会 市立 小 小校長会 校長会研修 校長会研修
校内研修

◎△△市立A小学校

③　「信頼感」を検討するための質問紙による調査

　これまで，「学校教育自己診断」を活用して学校改善を進めてきたプロセスの詳細をインタビューにより聞き取り，A小学校の自主研究発表会に参加して実際の教育活動を確認してきた。

　その過程でC校長と教職員の「信頼感」を強く感じることができた。

　校長のリーダーシップとそれに共感し，教職員全体に広げていく役割をもつと思われるキーパーソンであるB教諭との「信頼感」が，学校改善に何らかの役割を果たしているのではないかということである。

　そこで，これまでのインタビューによる聞き取りとA小学校の自主研究発表会（2003年1月）に参加しての実態把握に加え，さらにB教諭とC校長（調査時には退職後，幼稚園長）との「信頼感」を検討するための質問紙による調査結果を，p.114以下に示す。

　質問項目は，天貝（2001）『信頼感の発達心理学―思春期から老年期に至るまで―』（p.169）を参考にして筆者が作成した。

　個別面接法で行い，面接者（筆者）が質問項目を提示して読み上げ，被調査者が口答によって回答したことを書き取り，被調査者に再確認した。面接に要した時間は，一人当たり90分から120分だった。

[B教諭　質問紙による個別面接結果]

　　　　信頼感に影響する経験に関する質問　　　B教諭
　　　　　　　　　　　　　　　年齢（　　）　性別（男・女）
　　○御職業（教員・スクールカウンセラー・その他［非常勤嘱託］）
　　○現在の御職業について，勤務年数をお教えください　（　　）年
　　教員32年，再任用1年，非常勤嘱託1年
　　○主に接してこられたお子さんは
　　　　（幼児・小学生・中学生・高校生・その他［　　　　　］）

1．現在の先生のお考えをお聞かせください。
(1) 実際に（教職員　校長先生）と接しておられる中で信頼感は，何によって決まってくると考えられるでしょうか。
○真摯に教育を語る姿
　これまで，校長に指導されたことはあっても，子どもの成長発達を願った教育を語ってもらった実感は無かった。常に，教育を語り続ける態度に信頼感をもった。
○公平に仕事ぶりを判断して，厳しく温かく接すること
　仕事に対しては，公平に接することに徹していた。教員は厳しさには耐えられるが冷たさには耐えられない。大変厳しかったが，決して冷たくはなかった。
○自分が信頼されている実感
　教職員と酒席でのつきあい等は全くしない人であるが，教育で結ばれている確信がもてた。
　来校者に自分のことを「史上最強の教務主任です。」と紹介され，「私の話より，この人の話を聞いてください。」と任せられた。自分も史上最強の校長だと思っていた。
○教職員への受容とモチベーションの高揚
　教職員に大変厳しく畏敬の念をもって見られていたが，必ず教職員の側に立って対応していた。「先生方がやって下さい。あなた方は一歩出る。責任は私がとる。」と，よく言われた。
○学び続ける校長の姿勢
　研究熱心さはだれもが認め，たくさんの教職員が育てられた。子ど

第5章 チャンス，チャレンジ，チェンジ

ものことで激論を交わし，100回はけんかもした。決して，すぐに言葉で答えを返したわけではないが，答えは態度で出してくれた。
○行動力
　これは，ほんの一例であるが，子どもが行方不明になったときや人権侵害事象が起きたとき，午前4時に集合がかかった。
　修学旅行の目的地で論議になったときは，翌日の休みに日帰りで校長自身が下見をして情報を収集してこられたのには驚かされた。

（2）信頼感を促進した要因としてどのようなことが考えられますか。
○「学級崩壊」のへの対応
　いわゆる「学級崩壊」が生起した時の校長の対応に，教職員は絶大な信頼感をもった。正面に立って保護者の話を受け止め，校長室にはいつも保護者が押しかけていた。学校としての対応を身をもって示してくれた。
○「21世紀のA小学校を拓くために」と題して，「学校教育自己診断」の結果分析をされたこと
　職員会議が終わるころ，4時過ぎに校長が「ちょっといいですか。」と話しはじめた。また，長くなるのではと思いながら聞きはじめた教職員は，その分析の膨大な時間をかけた資料に圧倒された。また，A小学校の具体的な未来像を語る説得力に拍手が起こった。いつもは，途中で席を立つ教職員も一人として帰らなかった。だれもが「この人に付いていこう」と思った瞬間だったと思う。

［C校長　質問紙による個別面接結果］

　　　　信頼感に影響する経験に関する質問　　　C校長
　　　　　　　　　　　　　　　　年齢（　　）　性別（男・女）
○御職業
　　（教員・スクールカウンセラー・その他［幼稚園長・元校長］）
○現在の御職業について，勤務年数をお教えください　（　　）年
　国家公務員2年，専業主婦10年，小学校教員7年，幼稚園長9年，指導主事1年，小学校教頭4年，小学校校長7年，私立幼稚園長1年目

○主に接してこられたお子さんは
　　　　（幼児・小学生・中学生・高校生・その他［　　　　　］）

１．現在の先生のお考えをお聞かせください。
（１）実際に（教職員　校長先生）と接しておられる中で，信頼感は何によって決まってくると考えられるでしょうか。
　　○教育の本質を貫き，それに対して誠実であること
　　　真実ほど，強いものはない。教育の本質を伝えていくこと。
　　○人として公平につながること
　　　協力の見極めのために市教組の研究会に参加した。対立する相手の見方や考え方を学んだ。また，個々の話し合いの中で，許容範囲を探っていった。
　　　思想的に混在した学校組織であった。考えや意見の違いによって，接し方を変えないことを大切にした。何にもとらわれず，しばりもしがらみもない自由な発想で意見交換していった。

（２）信頼感を促進した要因としてどのようなことが考えられますか。
　　○指導のタイミングとはたらきかけ
　　　赴任直後，一部の教職員の退出時間について，保護者から指摘があった。
　　　校門に立って子どもの下校指導をしながら，教職員の様子も確認した。その実態から，職員朝礼で言うつもりだと一人の教員に告げると，「私が責任をもってみんなに言うから，校長は言ってはいけない。今は，どんな校長か様子を見ている。」と言ってくれた。その後，教職員の退出時間は是正されていった。
　　○「学級崩壊」の解決
　　　いわゆる「学級崩壊」が生起した。その対応としてオープンスクールを実施した。
　　　その時に教職員全体の力を借りながら解決していった。前の担任も退職していった。教職員には，その時に何も知らずに仲間をやめさせてしまった無念さがあったと思う。「二人目を出してはいけない」という気持ちは強く感じた。担任からはずさず，教育委員会にもはたらきかけて，ティームティーチング等を位置づける努力をした。その解決策を話していく内に，だんだん一人一人の教職員が好きになっていっ

第5章　チャンス，チャレンジ，チェンジ

た。「I am OK! You are OK!」の関係になっていくのを感じた。
〇1回目の「学校教育自己診断」の結果分析
　学校教育目標をみんなのものにしていくための取り組みをした。
　1回目の「学校教育自己診断」の結果を自分なり分析して職員会議で話した。教職員はうなづき，「分かってもらえた」と実感した。その後から，「目指す子ども像」等の話し合いは，スムーズに進んでいった。
〇アメリカフォード社第一代社長の墓石には，「自分より優れた能力をもつ人たちを動かした人がここに眠る」と書かれてあるという話を聞いた。だからこそ，この会社は世界一になったのだと思う。
　私も自分より優れた能力をもつ人たちに動いてもらって，学校改善が進んだと思う。

2　研究結果と考察

　第3章の「学校評価の定義」の中から，八尾坂と児島と木岡の学校評価の定義をフレームとして「学校教育自己診断」の活用を述べてきた。それぞれの定義に照らして，A小学校の取り組みを聞き取り調査，自主研究発表会への参加による実態把握および質問紙による面接から考えてみる。
　八尾坂は，地域住民に対して評価過程と評価結果，評価に対する改善対策を公開することを重要とするものであった。特に評価の公開を重視したことに対しては，学年ごと，学校全体はもとより学校協議会，さらには地域住民6000世帯すべてに公開していた。そのことの繰り返しによって学校の質的向上が図れたことは，その「学校教育自己診断」実施以前の状況と比較した現在の状況の実態把握から明らかであることが分かった。
　特に，C校長は校務分掌に地域連携担当を配置し，地域に開かれた学校づくりを目的としたさまざまな組織再編を推進していた。
　また，「学校教育自己診断」の診断結果を提示しながら，保護者や地域住民に向けて「教育課程大説明会」を実施した。また，「どう見るA小っ子」と題したパネルディスカッションにはパネラーとして保護者や地域住民が参画する等の工夫をして実施した。

先述のデータである「開かれた学校づくり」に関する実施状況調査のまとめ（大阪府教育センターカリキュラム研究室，2003年）の結果においても，「保護者，地域の方へ向けた研究発表会」は，わずかに大阪府内小学校（大阪市をのぞく）の２％であった。保護者，地域への評価を問う場とした「自主研究発表会」の試みは，大変意義あるものであったといえる。

　これらのことが，「教育目標，教育計画，児童生徒の学習状況や教育課程の実施状況にかかわる自己評価に答えること」が可能な情報発信になったといえる。つまり，そのプロセス，結果，学校としての対応，姿勢について保護者や地域住民に説明するよう「学校教育自己診断」を活用しながら努めてきたといえる。

　児島の言う「学校経営診断論への移行」の一つが「学校教育自己診断」である。
　A小学校では，二つの評価論の転換が見られた。その第一として，学校外の外的基準に照らす学校評価ではなく，学校内部の実践の脈絡に即して，なぜそうなのかを問おうとし続ける取り組みがあった。第二には，結果を問うのではなく，どのような方策に対して，どのような結果が現れるかを予測・評価した。また，校内の合意を得ながら，最善の策を選択・決定していくプロセスが見られた。

　次に，木岡による学校評価論に照らしてみると，学校組織を良くしようという構成員のモチベーションを高めるためのツールとして「学校教育自己診断」を活用していた。

　学校にかかわる児童，管理職，教職員，保護者，地域住民が，共に新しい教育事態をつくり出していく過程において，「教育課程検討委員会」等を中心に知恵を出し合い，外へと開いていくその過程を最も重要視した取り組みが進められていたといえる。

　その診断結果をもとに，学校教育目標に照らして改善すべき課題を解決し，誇れる特色にさらに磨きをかけたということである。

　次に教育評価（梶田，1992）としての機能を見てみることにする。
　インタビュー結果に表れていたように，A小学校の「学校教育自己診断」は，第1の「事前的評価」としては，年度当初に教育計画を立案する以前に，その活動の企画を最も適切なものとするために必要な評価として，前年度末までに「学校教育自己診断の結果」の総括を行い，各分掌や学年で企画し，改善策を教育計画に提示していた。

第2の「形成的評価」は，中・長期的な課題解決の過程において，その活動を最も効果的なものとするよう，活動自体の軌道修正をするために必要な評価を行った。

第3の「総括的評価」としては，「学校教育自己診断」を定期的に実施し，毎年の取り組みについて，活動の成果を把握したり，「通知票の改訂」直後に実施したりしている。

第4の「外在的評価」としては，学校教育活動の外側に立って，その活動の在り方を客観的に吟味した「学校協議会」がこれに当たる。また，改善を加えるために必要な評価を行うという点は「スクールモニター制度」がこの評価を実施していた。

次に，これまでのインタビュー調査等の結果から，A小学校の「学校教育自己診断」が学校評価の役割（大脇，2002）を果たしているかについて，以下の3点が考えられる。

① 基本的役割

　　教育目標がどの程度達成しているかを検討するに当たってまず，教育目標を改訂する作業を共通理解の場としている。全体としてどのような成果をあげているかは7つのプラスイメージに分析している。どこに問題があるかを評価し，今後の課題をそのマイナスイメージの7点から明確にしている。

　　学校として果たすべき責任の遂行について，今後の課題と改善策をセットで公開し，明確に示している。

② 対内的役割

　　教育目標を始めとして，育てたい子ども像，学校像を話し合いを通して確立しながら，教職員が教育活動の現状と課題について話し合い，共通理解を図っている。学校を改善するために新たな経営方針や経営戦略を樹立するための基礎作業を「教育課程検討委員会」を中心に分掌ごと，学年ごと，学級ごとに内容に応じた場で行っている。

③ 対外的役割

　　学校が保護者・地域住民に対して，学校の取り組みと成果について学校新聞や学校協議会の場，また「教育課程大説明会」を実施して説明して，彼らの要望や要求に応答している。中でも，通知票の改善の要望に対して

は，短期間に改善作業を行い，その後のアンケート実施により改善後の保護者の満足度についても把握している。

さらに，診断結果を学校協議会で公開すること等を通して，地域の教育力を学校改善に活かした取り組みに発展させている。クラブ活動の指導者を地域住民や保護者に委ね，スクールモニター制度の導入，サタデースクール開校などに発展させている。

これらは要望や要求に応答しつつ，外部の教育力を学校の内部に活かす改善となっていることが特徴的な役割となっている。

このことから，A小学校の「学校教育自己診断」は，①基本的役割 ②対内的役割 ③対外的役割のいずれも満たしているといえる。ただ，「対外的役割」として，「学校が教育行政機関に対して学校の成果と課題を説明し，学校としての諸条件の整備について要求したり，交渉したりすること」については，聞き取りの中では明確に表れていない。全体としては，「学校教育自己診断」の役割を果たしたといえる結果が得られた。

次に，「学校教育自己診断」を活かした学校改善の在り方として，明らかになったことを3点挙げ，考察を行う。

1．学校改善のための「学校教育自己診断」の実施は，導入時の合意形成が重要である

実施以前から，繰り返し繰り返し，学校評価の必要性を共有することが必要である。また，参観時のみでなく，日常的に「アンケート」等の問うことを実施することが有効である。より早く評価を改善に活かしたり，聞き取ることを位置付けたりすることを繰り返している。

第1回目「学校教育自己診断」(2000年)実施後の回収率は，以下のとおりであった。

```
児童・・・・ 96％（4～6年生　363人回答）
保護者・・・ 93％（児童数分実施773人回答）
教職員・・・100％（34人回答）
管理職・・・100％（校長・教頭2人回答）
```

第5章 チャンス，チャレンジ，チェンジ

「学校教育自己診断」導入時の第1回目実施の回収率からは，児童，保護者，教職員に対して，「学校教育自己診断」の趣旨や目的が事前に理解され，合意が形成されていたことが十分に見られる。導入以前から，日常的にアンケートを実施し，問えば答える「呼応関係」をつくり続けてきたと思われる。

2．学校教育自己診断を実施後，分析結果のフィードバックが重要である

自己診断実施後は，結果の集計により，学級ごとには担任が分析している。学年ごとの分析結果は，学年通信で公開している。また，学校全体の分析結果は，対象ごとの結果のグラフ化，そして学校教育に対するイメージをどうとらえ，活かすかの総括を校内，保護者，地域住民にフィードバックしている。

この第1回目「学校教育自己診断」の結果をもとに次年度の評価項目を改善している。その特色は結果をもとに「7つのよさと7つの課題」に総括したことである。フォローアップとフィードバックの方向は，校内においては，教育課程の改善，各分掌，全体研修，個人研修で実施している。校外に向けては，総括を改善策とセットで提示しながら説明会を行っている。結果の公表にだけ努めても納得は得られない。その結果に対して，何をするかを明確に示している。さらに，改善を焦点化するため，2回目，3回目と評価項目の改訂をしながら「学校教育自己診断」を繰り返し実施している。

これを私は次ページの図5にまとめた。

保護者に向けては，求められた改善点の一つである通知表について，翌年度1学期早々には説明会を実施した後，1学期末には通知表を改訂している。さらに保護者に渡した後に，新たなアンケートを実施し，さらに信頼関係を構築することになったといえる。

スピーディでタイムリーな学校評価結果のフィードバック例である。これは，私が考える学校評価から評定へのフィードバック（p.123，図6）そのものである。

3．教職員と校長の「信頼感」の構築が重要である

「校長はリーダーシップを発揮している」という教職員の回答が97.5％ある。結局，40名以上の職員のうち，1人を除く全教職員が校長のリーダーシップを認めていた。

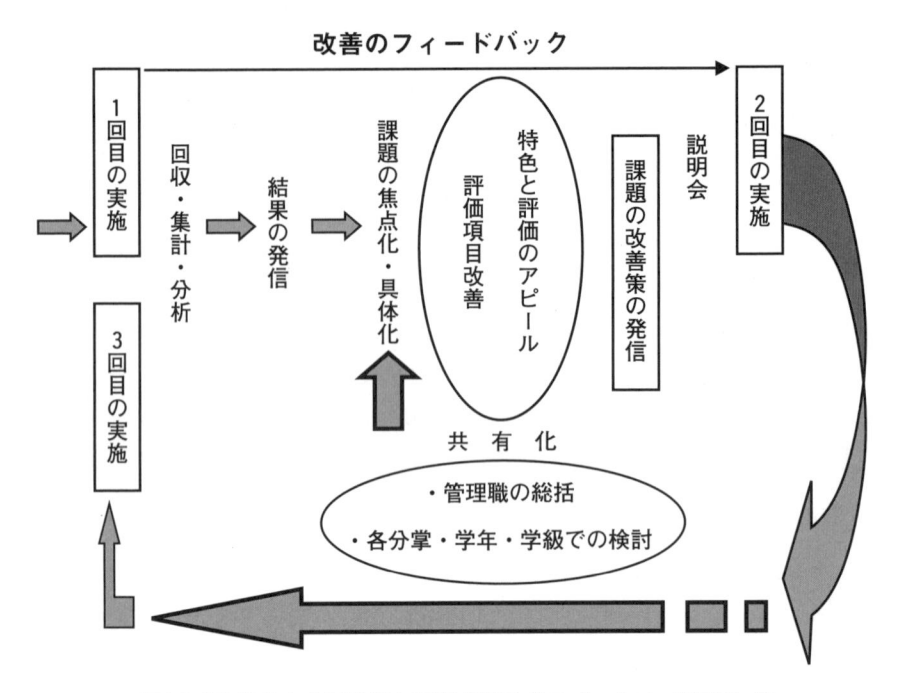

[図5]「学校教育自己診断」評価項目改善のプロセス（筆者作成）

　「リーダーシップを認めている」ということが，すなわち，「信頼感」があるとはいえない。
　そこで，教職員とC校長との「信頼感」を検討するために，教職員の総意をまとめるミドルリーダーとしてのキーパーソンB教諭を代表として，「信頼感」を検討した。
　「信頼感概念」については，天貝由美子（2001）『信頼感の発達心理学―思春期から老年期に至るまで―』の「本研究における信頼感概念の特徴」（p.12表1－1）に基づくこととする。
　天貝（2001）は，次のように述べている。
　　　「『哲学事典』（1971）によると，"信頼は，自他の関係における他者の未来に対し，相手を信じ，あらかじめ決定的態度をとること"とされている。『信頼感』に関して，ロッター（1967）は，対人的信頼を"個人あるいは集団が他の個人や集団の用いた言語・約束・話し言葉や書き言葉によって

第5章 チャンス，チャレンジ，チェンジ

フィードバック機能をもつ評価から評定，通知表へ

子ども（願い）
・個人の進歩，特性・よさ
・次への努力目標
・励まし　等

・自尊感情の高まり
・自己実現の喜び
・新たな意欲

評価者と評価対象の対話　　　親子対話

フィードバック機能

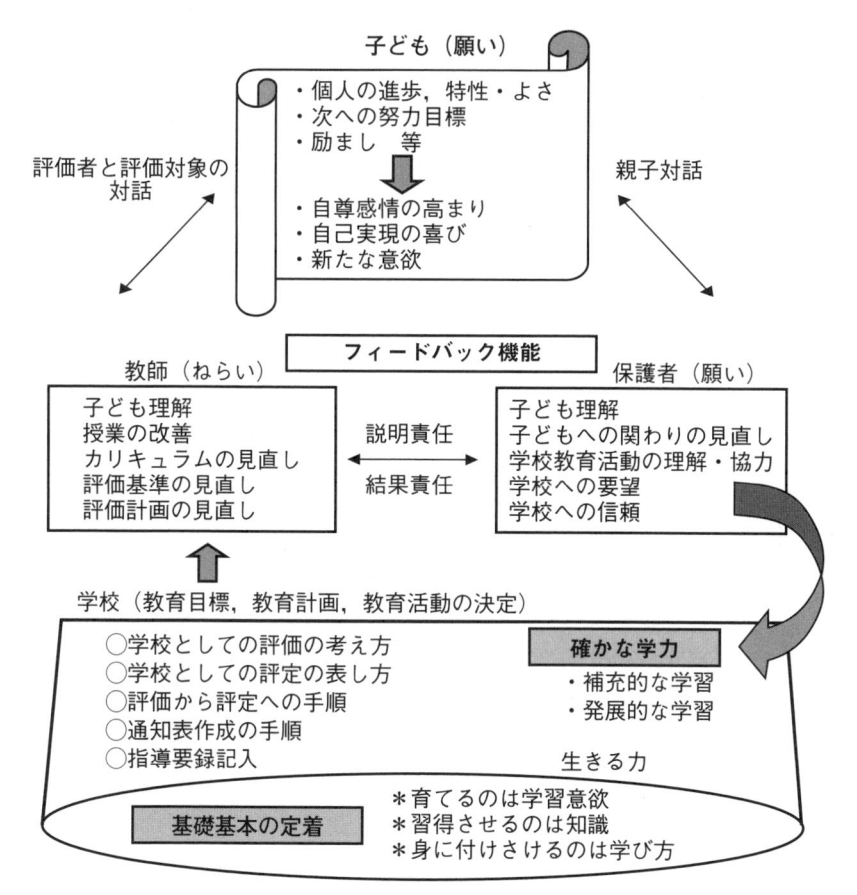

教師（ねらい）
子ども理解
授業の改善
カリキュラムの見直し
評価基準の見直し
評価計画の見直し

説明責任
結果責任

保護者（願い）
子ども理解
子どもへの関わりの見直し
学校教育活動の理解・協力
学校への要望
学校への信頼

学校（教育目標，教育計画，教育活動の決定）
○学校としての評価の考え方
○学校としての評定の表し方
○評価から評定への手順
○通知表作成の手順
○指導要録記入

確かな学力
・補充的な学習
・発展的な学習

生きる力

基礎基本の定着
＊育てるのは学習意欲
＊習得させるのは知識
＊身に付けさせるのは学び方

[図6] 学校評価（教育課程　評価から評定へ）のフィードバック（筆者作成）

表された陳述に対し，それに依ることが可能であるとする期待"と定義した。

また，『信頼感』は生涯にわたって変化する可能性の有ることも指摘している。また，信頼の意味と根拠を包括的に述べている代表的な一人として和辻（1962）は"信頼を人間存在の空間的・時間的構造から生ずる必然的なもの"としてとらえている。彼は，"信頼は人間の要求に対応して形

成され，もしくは見いだされたものではなく，人は相互にすでに信頼の上に立っている前提でのみ存在する。"と述べている。
"人間の行為は一般にこのような信頼の上に立っていると言ってよい。（中略）
このような信頼の社会的な表現が行為者のもつそれぞれの社会的な持ち場である。ちょうど家族において親は子を愛護するものとして期待されており，その限り親として承認せられるように，人が会社員，官吏，教師，学生，運転手，農夫，商人，職工等々として行為するときには，あらかじめすでにその持ち場に応じての行為が期待されているのである。"信頼はこのように人間としてみなもっているであろう最低限の前提としてのモラル的なものと，もう一つ社会的役割として期待されるものがあると言える。」（p.5）

これまでの調査結果から，B教諭とC校長を見ると "教職員がC校長の用いた言語・約束・話し言葉や書き言葉によって表された陳述に対し，それに依ることが可能であるとする期待" としたと考えられる。「信頼感」には可変性があり，「信頼感」は変化する可能性の有ることについては，十分な検討とはいえないが，「獲得の時期は，青年期以降に再獲得，成熟していく」ということにあてはまるのではないかと思われる。

また，天貝は信頼感構造モデル（p.25）として次の図7に示している。

「ここでは，『道徳的原理』の上にあるのが『基本的信頼』の側面である。これはエリクソンによる基本的信頼の概念とほぼ合致するものである。人生の最も早い時期に身近な他者（多くの場合，母親）との相互交流によって形成される，身近な人に対する信頼である。そして，最上部に位置するのが思春期・青年期以降における信頼感である。

これは，2つの軸をもつことが仮定される。その1つは，自分と他人という完全には一致することのない個体同士でも合一という方向性はもつことができるという『空間的側面』の信念である。もう一つは，自分や他人，あるいはその間の関係の中に不変であるか，あるいは少なくとも理解は可能な一貫性が存在するという『時間的側面』の信念である。『空間的側面』

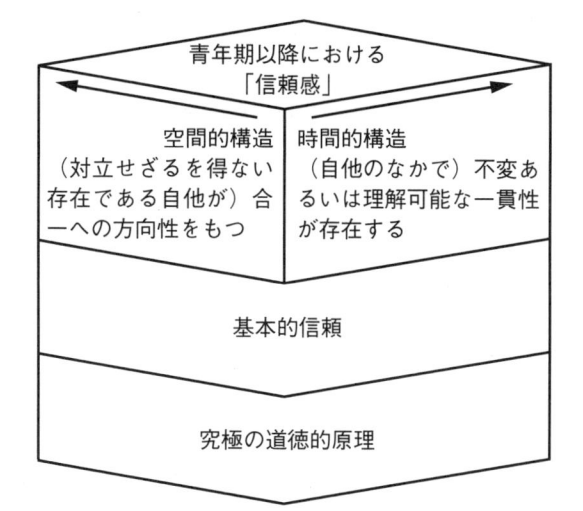

第5章　チャンス，チャレンジ，チェンジ

```
┌─────────────────────────────────────┐
│      青年期以降における              │
│   ←──    「信頼感」      ──→        │
│  ┌──────────────┬──────────────┐    │
│  │ 空間的構造    │ 時間的構造    │    │
│  │（対立せざるを得ない│（自他のなかで）不変あ│    │
│  │存在である自他が）合│るいは理解可能な一貫性│    │
│  │一への方向性をもつ │が存在する     │    │
│  └──────────────┴──────────────┘    │
│         基本的信頼                   │
│       究極の道徳的原理               │
└─────────────────────────────────────┘
```

図7　信頼感構造モデル（天貝，2001）

は，さまざまな他者に対して，関係としてもたれる信頼に対応する。その人あるいは自分自身の立場や役割によって規定される『役割期待』の側面と，その人がこれまでに生きてきた中で他人を信頼できる体験をもったかどうかという『経験期待』の側面，そして，同じ場面の行動でもそれを信頼できる（できない）ととるか，特に意識しないという『個人の特性』の側面の3つがあるのではないかと考えられる。」(p.25)

　私は，これまでの調査から，これらの側面の「その人あるいは自分自身の立場や役割によって規定される『役割期待』の側面」に着目した。
　ここでは，天貝（2001）前掲書資料（p.169）を参考に「信頼感」の検討を私が作成した質問紙によって行うことで，より「信頼感」に関しての検討が可能になると考えた。
　その質問紙による結果には，「信頼感を促進した要因としてどのようなことが考えられますか。」の回答として，B教諭とC校長に共通した2点が以下のように見られる。
　○いわゆる「学級崩壊」の顕在化した時点から「学校教育自己診断」導入までの対応

○「21世紀のA小学校を拓くために」と題して示した,「学校教育自己診断」の結果分析

この2つの大きな出来事は,受容された経験や承認された経験などとして,互いの「信頼感」に影響を与えることになったと考えられる。

6年間にわたって「学校教育自己診断」の導入前後にかかわってきたB教諭が「言語・約束・話し言葉や書き言葉によって表された陳述に対し,それに依ることが可能であるとする期待」や「社会的役割として期待されるもの」をC校長に寄せたことである。

特に,学校の危機であるいわゆる「学級崩壊」のへの対応として,C校長が学校の外に評価を求め,学校への抗議を支援に変えていったことが要因の一つになったと思われる。また,C校長が学校改善のビジョンを示し,「学校教育自己診断」の結果分析を学校の未来像につないで提示されたことは,「校長の役割」として求められるB教諭の期待にこたえたといえる。

つまり,「学校教育自己診断」を実施することだけを目的とするのでなく,また実施後も評価活動の結果を伝達のみに終わることもなかったC校長の一貫した子どもの発達のための実践力が重要であった。加えて,一定の短期,中長期的なビジョンを示した。さらにその改善策を講じる次のアクションを提示したというC校長の言動に対する「信頼感」である。

また,C校長からB教諭に対しての「最強の教務主任です。」の言葉等にも表れるように,B教諭も「立場や役割によって規定される『役割期待』」にこたえていると思われる。

質問紙全体から明らかになったことを次に述べる。

天貝(2001)の前掲書(p.136)「第5章 信頼感の発達に影響を及ぼしている要因」によると,「青年期において,信頼感の発達に影響を及ぼす経験要因として,『受容経験』や『承認経験』が明らかになった。また,青年期以降老年期にわたってみるといわゆるサポート感が影響を及ぼしていた。」に関連する。

また,事前のインタビュー調査と重ねて考察してみると,B教諭の「信頼感」が校内に波及し,他の教職員についても,4つの教職員団体と何にも属さない教職員というさまざまな考えや経験をもつ教職員全体の「信頼感」を得る結果となったと推測される。

第5章　チャンス，チャレンジ，チェンジ

　これは，天貝（2001）に照らしてみれば，「個人の特性」という側面にかかわらず，青年期以降老年期における「信頼感」を築く経験の一つになったと考えられる。
　「個人の特性」という側面にかかわらずに「信頼感」を築く経験の場としては，自由に参加し，知恵を出し合う「教育課程検討委員会」という組織を中心に，C校長と全教職員が互いに「受容経験」や「承認経験」が行われたということではないだろうか。
　聞き取りの結果と，詳細な質問紙への回答の結果から言えることは，以上である。
　以下に，私の考えを述べてみたい。
　これらによって生まれてきた「信頼感」が学校の中にコミュニケーションを生み出し，組織づくりを進めていくことになったのではないかと推察される。また，かつては，「学級の荒れ」に対応できずに職を辞した仲間を二度と出してはいけないという教職員の思いはC校長による「サポート感」を実感し，組織としての対応をB教諭と共に強めていく体制となり，教職員全体の「信頼感」の構築に結びつく要因になった思われる。
　6年前は，多様な保護者の価値観の中，生徒指導が徹底せず，授業が成立しない複数の学級が悪循環となって学校の荒れが続いていた。A小学校を訪れる保護者のほとんどは，抗議や監視が目的であった。現在のA小学校には，学校への支援や協力や助言を行うために休日までも大勢の保護者や地域住民が訪れている。この保護者や地域住民の変容の過程には，第三の校内の「信頼感」の形成が大きいと思われる。その「信頼感」が校内の組織づくりとして外部にも見えるようになっていったことが大きく影響していることを示唆している。
　これは，第一の学校改善につながるための「学校教育自己診断」の導入時の合意形成からスタートして，第二の「学校教育自己診断」の実施後，分析結果をフィードバックしていく中で，「外部との信頼感の構築への連接」となっているとも考えられる。
　今後は地域の教育力の要であり，学校協議会委員を発足時から4年間努めたEさんとの「信頼感」についても検討する課題が残されている。
　以下にA小学校学校協議会情報紙に掲載されたEさんの文面を掲載する。

①学校と地域のきずなについて

学校協議会委員

　様々な教育課題を解決するために，開かれた学校として，今まで以上に学校と家庭・地域との連携が求められている。しかし，社会の著しい変容により家庭・地域の教育力の低下によって今日的な教育問題を引き起こしたとされる中にあって，さらに家庭・地域の役割とは何であろうか。かつての，家庭はしつけを基本とした教育力を，地域は自然体験や社会体験，社会モラルの涵養を主とした教育力を単に取り戻せというだけではないだろう。もっとも，地域には様々な問題点，矛盾や課題が溢れており，求めれば得られる理想的な地域社会が常に存在しているわけではない。地域共同体としての大人の連携は希薄であり，子どもの居場所としての遊び場は少なく，心身が一体となって自然と戯れる森や里山は身近にない。車を乗り回す大人は見かけても働く大人の姿は子どもの目に届かない。

　では，開かれた学校づくりで求められる，地域の教育力，役割を再構築していくにはどうすればよいだろうか。

　まず，従来の家庭・地域の教育力の向上を前提に，一方的に地域社会が学校を支えるのではなく，子どものために，学校を中心として親も含め地域の人々と学校（先生）が一体で創り上げていくということを共有認識する必要があると思う。それをもとに地域の学校化を具現していく過程で，新しい地域づくりとともに，地域社会の共同性が培われ，多様な活動が養われていくのではないだろうか。

　学校協議会は，学校を地域に開き，学校と地域のきずなを再構築する場でもあると考えるが…。

②学校協議会　2年間を振り返って

委員　団体代表

　協議会は学校，地域にとっても初めてでなんの模範もなく，やってみないとわからない面が多々ありましたが，2年のあいだに学校と地域の接点ができたと思います。

　先生方と膝を交えて話す機会によって，先生を知ることができそのことがすなわち学校を知るところに通じるのだと思います。この点はこれからもおおいに期待できるはずです。結果はすぐにでないかもしれませんが，学校，地域お互いが作り上げ，定着していくことを望みます。

③地域の暖かい大きな力がＡ小を包み込みました。
（小校区青少年を守る会会長・学校協議会委員）

　付属池田小学校の事件は，何人にとっても慟哭惨憺の情を禁じ得ないものです。二度とあってはならないことを念じ，犠牲者には心からご冥福を祈ります。

　学校は事件の報道後直ちに，子どもや保護者の心情を配慮して，さらに，このような大事件の後は必ずと言っていいほど現れる卑劣な模倣犯や愉快犯に対応すべく，集団登下校を実施し，子ども達の安全確保をＰＴＡや青少年守る会にも要請した。これを受けて，守る会はＰＴＡ役員と協議を重ね，連絡網を通じて各構成団体に，登校時は各自の家の前か若しくは通学路の要所に立って子ども達を見守って送り，下校時には学校から各自の家の近くまで同行下校してほしい旨をお願いした。結果，実に多くの方がＡ小の子ども達のために，地域の子ども達のためにと出務していただいた。毎日来ていただいた方，同じ日に２往復３往復された方もおられたようです。また，守る会やＰＴＡ以外の自治会の防犯委員，交番連絡会等の地域の多くの方々が，連日行動をともにしていただいた。それはまるで地域の暖かい大きな力がＡ小を包み込んだような８日間だった。

　しかし，反省もある。連絡が不十分で出務依頼があると待機していたが要請がなかったと苦情があった。下校時間が急遽繰り上がり，連絡もないまま人員が充分揃わぬうちに下校してしまったことについて，それで子どもの安全確保が図れるのかとお叱りも受けた。いずれも貴重な心すべきことである。

　平生往生という言葉がある。常日頃の積み重ねがあってこそ大事なときに役に立つ，という意味合いである。今回の緊急体制での先生方と地域の多くの人々の協力による一体となった取り組みは，学校が地域に開かれた学校として，平素より地域連携の地歩を着実に築いてきたことの証左であり，守る会やＰＴＡも，様々な活動を通して，地域の人々のふれあいと絆の輪を築き拡げてきた結果である。何事も常日頃が肝心であることを改めて思い知ったものである。

　まもなく，学校施設の安全管理や危機管理プログラムも行政施策として実行されるであろうし，子どもへの危機予知，自己防衛の教育も考えられているだろう。守る会はさらに学校と連携を密にし，地域のより多くの人々との繋がりを図りながら，もっとお互いに顔の見える地域社会を築いていきたいと願う。それが，子どもにとってより安全な地域社会になると信じている。

① 学校と地域のきずなについて（2000.12 A小学校協議会情報紙No. 2）
② 学校協議会2年間を振り返って（2002.3 A小学校協議会情報紙No. 10）
③ 地域の暖かい大きな力がA小を包み込みました（2001.6 A小学校協議会情報紙No. 6）

現在17号までを数えるA小学校協議会情報紙の中でEさんが書かれたものである。そこからは，Eさんの地域教育への理念が学校とかかわる行動によって，具体的にA小学校とつながっていく様子が見られる。決して，「校長の応援団」ではなく，「学校のサポーター」として学校への信頼をはぐくみながら，大きな期待を寄せて支援されていると思われる。

以上に示した資料だけでは，考察するには十分でない。本研究では実現できなかったことを自省しつつ，今後の研究の発展に活かす大きな課題と受け止めたい。

3　結　論

本論では，学校評価の一つである「学校教育自己診断」を活かす学校改善の在り方を探るため，収集したアンケート，報告書，資料等を分析し，先行的取り組み校に焦点を当て，学校訪問によるインタビュー調査や，個別の詳細な聞き取り結果により考察した。

これまでの考察をふまえ，今後の学校評価実施に向けて，「学校教育自己診断」を活かした学校改善の在り方として留意すべき4つの事項について以下に述べる。

(1) 「学校教育自己診断」を活かして，校内の共通理解を深める

① 「学校評価」の意義を真に共通理解する

まずは，各学校で，「学校評価」の意義を真に理解することが必要である。大阪府は，学校評価の中軸として「学校を人間ドックに入れる」という発想で「学校教育自己診断」をスタートさせた。機能しているはずという思い込みが，制度疲労を起こしていたり，ニーズに合わないものになっていたりする。その

第5章 チャンス，チャレンジ，チェンジ

ズレを見極める診断を受けて，現実を直視することから逃げないことである。

研究事例においても，学校に対する児童生徒や保護者・地域住民の不満や不信は少なくなかった。学校はこれを真摯に受け止め，学校改善に活かすことが求められたのである。しかし，不安から生じた根拠のない風聞には，きちんとした説明で安心できる情報をとどけるべきであるし，毅然とした態度で丁寧に分かる言葉で説明することも必要であった。

あくまでも学校の主体性を基本とした「学校教育自己診断」であり，外部評価だけで責任ある改善は成し得ない。

不満や不信は，日ごろ表面化していなくても，潜在的に渦巻いているときもある。何か事件が生起してそれが表面化することがある。だからこそ，ふだんから児童生徒や保護者の不安・不満・不信や要望などをしっかりと把握しておく必要がある。

学校の外から聞こえてくる声が必ずしもすべて的を射ているわけではない。批判が間違っていると判断したら，「それは違う」と主張するべきである。自己主張することと外部の意見を聞かないのとは違う。

大切なのは外部の声に耳を傾けることである。学校が大切にしている教育実践も，保護者や地域社会の理解がなければならない。信念をもって，学校が行おうとしていることについて，その趣旨や目的を明らかにし，説明責任を果たすべきなのである。

真に共通理解が進められたと見られる本研究の事例から言えるのは，「学校教育自己診断」導入時が，校長のリーダーシップ 発揮の重要ポイントであった。

実施に当たって目的を明確にし，目的を共有し，すべての教職員が誇りとする学校経営を具体的に示したことである。結果を恐れず，客観的なズレを直視し，教職員と児童生徒や保護者の評価結果のズレを大切にする。「学校評価は，教職員が共通理解を図る手段となる。」ということである。そのプロセスでツールとして活用されたのが「学校教育自己診断」であった。

「学校評価」の意義が真に理解されているかの一つのバロメーターとして，回収率に表れる。教職員の回収率が低い中で，児童生徒や保護者への回収を求めるには無理がある。教職員の働きかけは，児童生徒や保護者への回収率に表れる。回収率が高ければ，その結果の分析や考察を総意として進めることが可

能になる。また，その結果は，集計分析の事務的な徒労感ではなく，学校改革への教職員全体のモチベーションを高める結果につながっていく。

② 学校の課題を共通理解する

　すべてを課題として，解決していくことは可能ではない。改善の道筋は，改善の焦点化から始まる。課題の明確化と焦点化が問題解決の具体策につながる。

　その時に結果の分析が重要である。集計結果を平均化しては正確なニーズや意見はつかめない。学年や学級によって，児童生徒の「分かる授業の満足」や，保護者の「総合的な学習の時間の理解」が明らかに差があるときに，平均して「ほぼ達成」という結果を導かないことである。事例に見られたように，授業が成立しない現実を打破していくためにも現実の数値を直視して，組織として改善に当たることである。特に，授業改善から取り組む授業づくりが信頼づくりとなった。

　そのためには，評価結果の公表は，単なる集計の数値のみでなく，改善策とセットで示すことが必要なことである。「いつまでに，だれが，どんな方法で」を組織として責任と分担を明らかにすることである。

　大阪府が提示したひな型を自校に合う評価項目に改善した事例から，項目決定は課題共有の重要なプロセスとなっていた。主体的に評価項目のひな型を活用することは有効であった。

　2回目の実施時に自校に合う評価項目に改善することは学校が主体となって問いかけることであった。その時には，教育課程に関するスーパーバイザーとしての専門性を備えたリーダーが，求められる。また，学校経営に参画して専門性を発揮していく教職員を育てる組織をつくることも，有効である。

　評価項目を改善した実施は，児童生徒，保護者をつなぐことになり，共に知恵を出し合ったり，巻き込んだりしていくことになっていった。2回目・3回目と「学校教育自己診断」の実施を繰り返すことによって，学校理解がさらに深まり，改善が焦点化され，保護者や地域住民への課題共有のチャンスとなった。

　学校評価は，だれかにさせられるのではなく，だれかのためにするのでもない。教育にかかわるもの自身にとって，自己改善につながるデータの一つの役割を果たすと思われる。

③ 学校教育目標を見直す

「学校教育自己診断」は，学校教育目標の達成度と具体的な成果，問題点の所在とその解決法，今後の課題を明らかにする。「学校教育自己診断」の目的の一つは，学校教育目標の達成度を明らかにすることである。その学校教育目標を見直し，目指す方向を共有することが重要である。

これまでの学校教育目標が現在の学校の存在意義を表すミッションとなっているか，学校として育てたい子ども像に具現化できるものか，保護者等（学校協議会委員，地域住民による今後の評価も視野に入れて）の評価に耐える表現になっているか，丁寧に見直し，改訂することが必要である。

学校教育目標は学校のコンセプトである。コンセプトのもとにあるものは，子ども・地域の実態をふまえた校長の長期的ビジョンである。コンセプトは，参画する者によってコラボレーションされ，コンセンサスを得られてこそ実現する。「ワンマン」と「リーダーシップの発揮」の勘違いからは，決して実現しない。

「学校教育自己診断」の実施は，それを全教職員で共につくり上げるチャンスでもある。

(2) 「学校教育自己診断」を活かして，学校の特色を発信する

実施にあたって，「学校教育自己診断」の結果を改善に活かすプログラムをもつことは，学校組織開発の道具として学校評価が位置づくための基本原理である。

「学校教育自己診断」を学校教育を自信喪失に陥らせてしまったり，単なる事務作業の負担にしてしまってはならない。学校の特色の明確化のために結果を活かすことである。また，自校に合う評価項目に改善することは，プラスの発信として，保護者や地域住民に学校を理解されるためのポジティブな手段になる。それは，教員の資質向上になり，モチベーションの高揚となる。資質発揮の場の提供が結果としての資質向上になる。健全な競い合いを意図的に設定する（井谷，2001）ということは子どもにとっても教職員にとっても手ごたえと充実感を生み出すことになるといえる。つまり，保護者・地域住民に示す特色として活かすことは，教職員の誇り，自信になっていくということである。

(3) 「学校教育自己診断」を活かして,「信頼感」を構築する

　学校と子ども・保護者・地域住民の信頼関係を築くことが求められている。そのためには,学校内部において,校長と教職員が教職員相互の「信頼感」をもった組織の構成員となることが重要である。学校評価を実施する先に学校が目指す未来像が見えた時に,「信頼感」が構築される契機がある。

　単に学校評価の実施が目標であったり,その結果を示すだけでは,逆効果になるであろう。

　信頼のない相手から評価されたことは,改善につながるべくもない。校長・教頭と教職員,学校と教育行政,教職員と子ども,学校と家庭・地域の関係において,評価がその信頼の構築につながるものでなければならない。

　そこには校長のリーダーシップが必要である。基本としての傾聴から生まれるボトムアップ,そこに加えて,長期的ビジョンに基づくトップダウンが必要である。

　校内の「信頼感」を築くプロセスが,学校改善のプロセスと一致するものであることを本研究の事例から明らかにすることができた。特に,実施後に診断結果から課題を具体化するプロセスで教職員と校長との「信頼感」が形成されていくことになった。

　実効ある組織を活かす校長が,子ども理解を軸にした学校をデザインして,学校経営にあたることが「信頼感」を築くことになったといえる。

　まだ,児童生徒・保護者・地域住民との「信頼感」について検討することは,本研究において取り組まれなかった。

　しかし,保護者については,「学校教育自己診断」実施後の回収率やスピーディな通知票改訂後の「評価」からは十分な信頼を得ていったことが推察される。

　また,地域住民の「信頼感」は,学校協議会委員の広報における感想,「クラブ活動指導者」「サタデースクール」「スクールモニター制度」等の関心の深さと実際の協力体制に表れている部分であるといえる。

　「学校教育自己診断」を活かして,「信頼感」を構築していくことは,有効である。

(4) 「学校教育自己診断」を活かして，保護者・地域の教育力を得る

「楽しい学校生活を送りたい」，「明日はもっとできるようになりたい」と望まない子どもはいない。また，「子どもの豊かな心の育成と確かな学力の定着」を願わない保護者・地域住民は，いない。

「学校教育自己診断」の結果を受けて何から実行するか，学校としてのビジョンと外部のどんなニーズに応えるかの決定が早急に望まれる。それが，評価結果を改善につなげることである。あらゆるネットワークを活用し，事実を公表して丁寧に伝え，保護者・地域の教育力の支援を得ることである。

「学校教育自己診断」を活かして学校改善を進めるための一つとして，機能する学校協議会を運営することが重要であることが研究事例から検討された。

「学校教育自己診断」と学校協議会は両輪である。つまり，自己評価としての「学校教育自己診断」から外部評価への発展として，学校協議会を位置づけることである。

事例から，機能する学校協議会の条件を以下のようにまとめることができる。

① 人選にあたって，学校評価者より学校参画者として考慮する。

　学校教育目標を理解し，育てたい子ども像を共有できる人，学校教育目標を実現するため厳しく新たな視点で提言実行するスーパーバイザーとなる人，充て職ではなく，サポーターの役割が担える人を選ぶ。それは，単に学校評価者ではなく，学校経営参画者でもある。

② 議題は，学校が主体的にポジティブに発信する場とする。

　学校が家庭や地域と連携協力して教育活動を展開していくために随時，家庭や地域に学校運営について説明する。その説明の根拠として客観的データである「学校教育自己診断」結果の資料が活用される。それを学校から主体的にポジティブに発信する場とする。

③ 校内にはない発想と専門性を活用する。

　子どもの実態から必要であると認められたことは，実行に移す柔軟さとフットワークの軽さが重要である。学校協議会の中で，全体で活動を始めなくても分科会として部分からの取り組みを始めることもできる。それは地域の活力を活かすことでもあり，地域が活性化することでもある。双方向にメリットがあるところには発展と継続がある。

④ 3つの機能のバランス

「学校は何をしているのだろう。」「何が解決すべき問題で、自分たちには何ができるのだろう。」その答えが実践力となって機能しているのが、学校協議会であるといえる。
　○評議機能（地域の期待を反映する）・・・なぜ
　○調整機能（責任と役割を明確化する）・・・いつ、だれが、何を、どこで
　○サポート機能（地域の活力を生かす）・・・どのように

以上の3つが、それぞれがバランスよく機能している協議会は委員のメンバーが替わろうと、校長が替わろうと積み重ねがあり、発展性がある。実績からの手ごたえがある。

「なぜ、それをするのか」の根拠となる地域の期待だけが重く大きくのしかかっても、動けない。いつ、だれが、何を、どこでするという役割分担だけがあっても、サポートの中身に地域の願いや期待が反映されていなければ意味がない。

これからの学校は、個々の教員による教育活動が集団としてまとまり、教育力を高めていく組織体としての機能がより求められている。その組織体に、いかに機能する学校協議会が位置付くかが、学校の改革の積み上げとなり、元気の源となる。

子どもに「生きる力」をはぐくむためには、今後一層学校は地域と連携しながら教育活動を展開することが求められる。

総合的な「学び」には、保護者や地域社会の協力は不可欠である。学校は積極的に地域社会と連携していくことが重要である。これからの学校は、それぞれが地域の実態に応じて特色ある教育活動を展開していく時代である。学校の裁量幅が拡大されていくが、もちろんその分責任も重くなる。学校経営の透明性も求められているのである。

中央教育審議会（2003年12月16日）は地域が参画する新しいタイプの公立学校の在り方を提言した「今後の学校の管理運営の在り方」に関する中間報告をまとめた。今後も「地域運営学校」等が示され、地域の教育力のかかわりが強く求められる。

要約するならば,「学校教育自己診断」を学校改善に有効に活かすためには,次のことが重要といえる。
　○「学校教育自己診断」の項目決定のプロセスを課題共有のプロセスとする。
　○「学校教育自己診断」の結果を実態データとして,数値化・視覚化する。
　○校内で共有した「学校教育目標」に照らして,課題を明確にする。
　○「学校教育自己診断」の結果は,課題解決策とセットで公開する。
　○課題解決策を具体化するのは,学校・保護者・地域住民と共に実行する。
　○課題解決策を具体化している取り組みは,随時その経過を発信する。
　○取り組みの評価を次回の「学校教育自己診断」の項目に設定するサイクルをつくる。
　○特に,授業改善や通知票改訂の取り組みが子どもの変容を通して,学校改善を実感させる。
　○「学校教育自己診断」を学校総体のアクションに対する方向性とし,次のアクションを生み出していく原動力の一つとして活用する。
　○「学校教育自己診断」の結果をもとに,学校協議会との意見交換による学校改善策を実行する。
　○「学校教育自己診断」は,校長と教職員,児童生徒,保護者が「信頼感」の構築を図る手段として活用する。

　教育にかかわる仕事を目指した初めに,だれも「学校運営を円滑に行いたい」などと思って教師になりはしない。こんな子どもたちに,こんな教育を行おうと目指して日々授業研究に励んでいく。休日も研究会に参加し,自費で高い書籍を何冊も購入し,他校の実践に学ぶ。個々に全力を尽くしているつもりでも,評価を求めれば必ず残る課題も,生まれる課題ある。課題のないところに発展はない。
　しかし,全教職員が学校経営に参画し,学校を改善する策を共有できれば,もっと有効に,すべての子どもの発達を学校として保障し,教職員自身の資質も互いに高め合うことができる。学級経営が学校経営の軸に連なり,全教職員の「指導の工夫・改善」が学校教育目標に向かって,同じベクトルで発揮され,個々の子どもの発達につながる時,「学校教育自己診断を活かした学校改善があった」といえる。

これは多くのデータから導き出した研究結果としてではなく,「学校教育自己診断」を活かして,学校改善が進んだ具体的な提示である。これから実施する学校に,あるいは実施はしたものの改善につながった実感が乏しい学校への示唆を与えるものであると確信している。

第6章 ああする, こうする, 学校評価のプロセス

本章では，実際に学校評価（大阪府では「学校教育自己診断」）を実施するにあたっての具体的な手順を，前章までに述べたことも含めて，まとめのＱ＆Ａの形式で示したい。
　続いて，Ｂ中学校とＣ高等学校の２つの実践例を示し，これから学校評価を進めていく学校のサポートをしたい。
　また，学校評価が進みつつある学校の改善のヒントになれば幸いである。

1　学校評価Ｑ＆Ａ

【実施前に】

> **Q1　学校評価の目的や意義は何ですか。**

【学校改善のために，学校評価を活かす】
　学校評価を実施すること，それ自体が，目的ではありません。
　学校教育目標がどの程度達成され，教育活動がどのように有効に行われたかを見直すことです。全体としてどのような成果をあげており，どこに問題があるかを評価し，今後の課題を明確にすることができる客観的根拠が，学校評価であるといえます。その中心は「子どものよりよい育ち」を目指していることは，いうまでもありません。
　具体的な目的には，次の４点があります。
　１点目には，学校評価を継続して実施することを通して，全教職員の共通理解が深まります。そのことによって，学校教育目標の達成を目指した学校組織と教育活動の活性化ができるのです。
　２点目には，学校自らが自校の教育を点検する姿勢を明らかにすることによって，保護者や地域住民に理解，支持され，開かれた学校づくりを進めることができます。
　３点目には，学校評価活動を積み重ねるとともに，学校が積極的に家庭や地域社会に情報を提供することによって，家庭・地域社会と一体となった，学校教育の在り方や家庭・地域社会の役割について話し合うための場づくりを目指すことになります。

4点目には，学校教育の改善のための課題を明らかにすることによって，教育行政の課題を明らかにすることになります。

【PDCAサイクルを活かす】

実施にあたっては，趣旨と目的を対象者に明確に示すことがまず必要です。評価・計画・実行・評価の連続・発展のスパイラルとなります。つまり，学校評価診断表に基づく学校教育計画の達成度の点検と改善方策の具体化と提示が目的となります。

また，学校教育計画のもとになる「学校教育目標」そのものが，評価に対する目標になっているかを見直すきっかけにもなります。

【学校教育目標を見直す】

「学校評価」は，学校教育目標の達成度と具体的な成果，問題点の所在とその解決法，今後の課題等を明らかにすることが重要です。「学校評価」の目的の一つは，学校教育目標の達成度を明らかにすることです。その学校教育目標を見直し，目指す方向を共有することが必要です。

これまでの学校教育目標が現在の学校の存在意義を表すミッションとなっているか，学校として育てたい子ども像に具現化できるものか，保護者等（学校協議会委員，地域住民による今後の評価も視野に入れて）の評価に耐え得る表現になっているか，丁寧に見直し，改訂することが必要になります。

【校長が長期的ビジョンを示す】

学校教育目標は学校のコンセプトです。コンセプトのもとにあるものは，子ども・地域の実態をふまえた校長の長期的ビジョンでもあります。コンセプトは，参画する者によってコラボレーションされ，コンセンサスを得られてこそ実現するのです。「ワンマン」と「リーダーシップの発揮」の勘違いからは，決して実現するものではありません。

「学校評価」の実施は，それを全教職員で共に創り上げるチャンスでもあるのです。

Q2　学校評価の導入にあたって必要なことはどのようなことですか。

【日常的に「アンケート」等で「外部に問う」ことが重要】

実施以前から，繰り返し繰り返し，学校評価の必要性を共有することが必要

です。また，参観時のみでなく，日常的に「アンケート」等で「外部に問う」ということを実施することが有効です。授業不成立や生徒指導上の問題をきっかけに取り組み始めた学校もあります。文部科学省や教育委員会の研究委嘱がきっかけという学校もあります。きっかけは何であっても，学校が主体となって，学校評価を始めることに意義があります。

【「学校評価」を活かして，校内の共通理解を深める】

まずは，各学校で，「学校評価」の意義を真に理解することが必要です。学校としては，機能しているはずと思い込んでいることが，実際には制度疲労を起こしていたり，ニーズに合わないものになっていることもあります。ズレを見極め，評価を受けて，現実を直視することから逃げないことが必要です。

今日，学校に対する児童生徒や保護者・地域住民の不満や不信は少なくありません。しかし，不安から生じた根拠のない風聞には，きちんとした説明で安心できる情報を届けるべきです。また，毅然とした態度で丁寧に分かる言葉で説明することも必要です。

不満や不信は，日ごろ表面化していなくても，潜在的に渦巻いていることがあります。何か事件が生起して，それが表面化することもあります。だからこそ，ふだんから児童生徒や保護者の不安・不満・不信や要望などを把握しておく必要があります。

当然，学校の外から聞こえてくる声が必ずしもすべて的を射ているわけではありません。批判が間違っていると判断したら，「それは違う」と主張するべきです。しかし，「自己主張すること」と「外部の意見を聞かない」こととは違います。

大切なのは外部の声に耳を傾けることです。学校が大切にしている教育実践も，保護者や地域社会の理解がなければ，実施し難いこともあります。学校が行おうとしていることについて，その趣旨や目的を明らかにすることが，説明責任を果たすことになります。

実施にあたっては，目的を明確にし，目的を共有し，すべての教職員が誇りとする学校経営を具体的に示すことです。結果に表れた客観的なズレを直視し，教職員と児童・生徒や保護者の評価結果のズレを大切に受け止めることです。「学校評価」は，教職員が共通理解を得る手段であり，そのプロセスでツールとして活用するのが「学校評価」なのです。導入にあたっては，このような

第6章 ああする，こうする，学校評価のプロセス

「学校評価」の役割を合意してスタートさせたいものです。

> **Q3 学校評価を実施して，どのようなことが変わりますか。**

【学校評価は，協働的な組織づくりの第一歩】

　これまでも，各学校では「年度末反省」において，教職員の自己評価，あるいは学校の内部評価として，熱心に話し合われてきました。しかし，その評価項目は，校内のみで決定され，ほぼ毎年同じ項目で実施されることが多く，次年度への学校経営方針や計画の改善に反映されることは多くはなかったと思われます。また，保護者や地域住民に対して，学校経営方針や改善計画について意見を求めたことも交換したこともほとんどなかったのではないでしょうか。学校評価の導入に対しての阻害要因には，学校評価が「学校のランク付けになる」という誤った認識や教職員の自負，また「評価されるためにしているのではない」という体質もあると思われます。

　「学校評価」を実施することによって次のことが変わります。

　①発展的，継続的な学校経営ができます。学校としての取り組みが単年度で途切れるのではなく，今年度の成果が発展し，課題が解決するための連続性と発展性が生まれ，中・長期的な学校経営ビジョンの実現に向けて，学校改善が進みます。

　②教職員に問題意識の共有化が図れます。

　③教職員・保護者・地域住民との双方向のコミュニケーションが可能になり，学校教育への参画意識が生まれてきます。

　これまで，実施した学校から，成果として挙げられているのは次のようなことです。

「学校の取り組みに対する率直な感想が児童生徒・保護者から得られた」

「学校が保護者から信頼されていることが分かり，教職員の自信につながった」

「教職員が自分の姿を見直す機会になった」

「地域・家庭と学校との連携強化の機運が相互に高まり，新たな取り組みが検討され始めた」

「授業の在り方など具体的問題点が明らかになった」

また,「学校評価を実施して,最も改善したことは何ですか。」という質問には,次のようなアンケート結果もあります。(p.80参照)

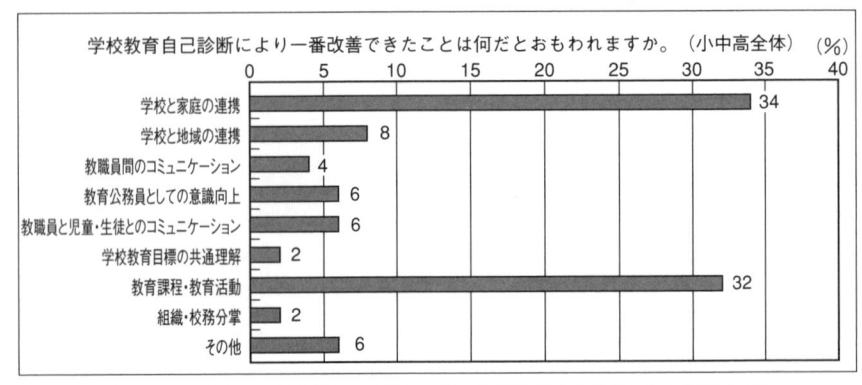

学校教育自己診断により一番改善できたことは何だとおもわれますか。（小中高全体）(%)

項目	%
学校と家庭の連携	34
学校と地域の連携	8
教職員間のコミュニケーション	4
教育公務員としての意識向上	6
教職員と児童・生徒とのコミュニケーション	6
学校教育目標の共通理解	2
教育課程・教育活動	32
組織・校務分掌	2
その他	6

注:調査対象は2001年度までに学校評価を実施し,且つ学校協議会を設置した大阪府内68校。

実施による改善の第1位は,「学校と家庭の連携が深まった」で,第2位は「教育課程・教育活動」で,この2つの項目が群を抜いています。

Q4　実施に向けて,どのようなことが必要ですか。

【学校改善の見通しは,実施計画の立案から】
　実施にあたって,「学校評価」の結果を改善に活かすプログラムをもつことは,学校組織を開発する道具として学校評価が位置付くための基本原理です。
　しかし,最初から完全な評価システムが構築できるわけではありません。
　「学校評価」を実施して,学校教育を自信喪失に陥らせてしまったり,単なる事務作業の負担にしてしまってはなりません。学校の特色を明確にするために結果を活かすことです。実施の前に検討することとしては,次の8点が考えられます。
　①「学校評価」の対象者をだれにするか。
　②評価項目の検討をどのようにするか。
　③実施の時期をいつにするか。
　④回収方法は,どのようにするか。
　⑤分析の方法をどのようにするか。

⑥結果の公表の方法をどのようにするか。
⑦結果のフィードバックの方法をどのようにするか。
⑧課題の焦点化の方法をどうするか。

Q5　どのような組織づくりをしたらよいですか。

　学校と子ども・保護者・地域住民の信頼関係を築くことが求められています。そのためには，学校内部において，校長と教職員，教職員と教職員が相互に「信頼感」をもった組織の構成員となることが重要です。学校評価を実施する先に学校が目指す未来像が見えた時が，「信頼感」が構築される契機となります。

　単に学校評価の実施が目標であったり，その結果を示したりするだけでは，逆効果になるでしょう。信頼のない相手から評価されたことは，改善につながるべくもありません。校長・教頭と教職員，学校と教育行政，教職員と子ども，学校と家庭・地域の関係において，評価がその信頼の構築につながるものでなければならないのです。

　そこには校長のリーダーシップが必要です。基本としての傾聴から生まれるボトムアップ，そこに加えて，長期的ビジョンに基づくトップダウンが必要です。

　校内の「信頼感」を築くプロセスが，学校改善のプロセスと一致するものであることが重要です。特に，実施後に診断結果から課題を具体化するプロセスで，教職員と校長との「信頼感」が形成されていくことになります。実効ある組織を活かす校長が，子ども理解を軸にした学校をデザインして，学校経営にあたることが「信頼感」を築くことになるのです。具体的に組織づくりを考える時，新たに組織を増やすことが危惧されます。学校改善の軸となる組織をつくるわけですから，既存の組織を統合する，新たな委員会として設置し既存の組織を廃止するなど，これを機会にむしろスリム化する方向が必要です。組織のメンバーとしては，校長，教頭，実施担当者，分掌主担者，学年主任等が考えられます。それだけで全員になってしまう学校の規模もあるでしょう。だれもが組織の中で発言する資格と責任があることが大切です。

> **Q6 評価項目はどのように設定しますか。**

【保護者や地域住民に学校を理解されるためのポジティブな手段】

　自校に合った評価項目によって学校評価を実施することは，教員の資質向上になり，モチベーションの高揚となります。つまり，保護者・地域住民に示す特色として生かすことは，教職員の誇り，自信になっていくということでもあります。

　前年度実施している学校では，評価項目をマイナスイメージの課題項目とプラスイメージの特色の項目にしぼって実施することもよいでしょう。学校独自の評価項目の改訂では学校の強い主体性を発揮することができます。

【項目の決定は課題共有の重要なプロセス】

　①学校が主体的に評価項目のひな形を活用し，自校に合った評価項目にします。

　②意識化を図り，協力を求めたいことを項目にします。問いかけることは，つなぐこと，巻き込むことになります。

　③評価してほしいことを項目にします。プラスの発信として，学校が理解されるためのポジティブな手段にします。

　④教育活動の重点課題に関する項目，学校生活全般に関する項目，直面している教育課題に関する項目というカテゴリーで考えてみます。

　⑤子どもの学力達成度，学力向上度や子どもの学校生活満足度，子どもの学校生活関与度を項目とします。

　⑥2回目の実施の時は，前回の結果から「学校のよさ」と「学校の課題」に該当する項目にしぼって，児童生徒用と保護者用を整合した項目を設定します。

　⑦項目数については，すべての項目をもれなく診断する場合と，最初から焦点化して見直す場合では，かなり違ってきます。

　⑧自由記述欄は，設定することが望ましいですが，その対応をどうするのか，記名式にするのか，無記名式にするのかも含めて，事前の検討が必要です。

　⑨回答欄は，A（あてはまる）B（ほぼあてはまる）C（あてはまらない）D（全くあてはまらない）に加えて，E（判断保留）を設定することも考

えられます。「判断できない」ということは，その項目に関しては，情報が少なく伝わっていないという受け止め方ができるからです。

【実施後に】

> Q7　結果の回収・集計は，どのようにしたらよいですか。

【結果の回収率の高さは，客観性，信頼性の根拠】

　「学校評価」の意義が真に理解されているか否かは，一つのバロメーターとして，回収率に表れます。教職員の回収率が低い中で，児童生徒や保護者に対して回収を求めるのは無理があるでしょう。教職員の働きかけは，児童生徒や保護者からの回収率に表れます。回収率が高ければ，その結果の分析や考察を総意として進めることが可能になります。また，その結果は，集計分析の事務的な徒労感に終わることなく，学校改革への教職員全体のモチベーションを高めることにつながっていきます。また，回収率の高さは，評価の客観性，信頼性，妥当性につながります。

　回収率を高めるための工夫が必要です。保護者が学校行事等で来校する日を提出日とすることなども一案です。児童生徒から家庭に診断票が届いていないときは，その場で説明して，記入していただくことも可能です。

　また，保護者用は家庭数ではなく，児童生徒数で実施することが有効です。小学校などで子どもが3人いる家庭なら，3人の子どもさんそれぞれに対して記入していただきます。つまり，正確に学年ごとのあるいは学級ごとの取り組みを評価していくことになります。記入していただく保護者も，大変な時間を要すると思います。その理由を説明し，フィードバックの仕方も説明することが，一人一人の子どもを大切にしていく学校への信頼感につながるのです。

　集計方法としては，児童生徒用・保護者用は学級担任が，学年集計は学年主任が，教職員は教頭が集計し，学校評価委員会の実施担当者等が全体を集計してグラフ化するなどの分担をしているところが多く見られます。

> **Q8　結果の分析は，どのようにしたらよいですか。**

【結果の分析は，課題の明確化と焦点化，特色の明確化】

　結果として表れたマイナスイメージのすべてを課題として，解決していくことは可能ではありません。改善の道筋は，改善の焦点化から始まります。結果を分析するということは，課題の明確化と焦点化をして具体策を生み出していくというプロセスです。

　学級・学年ごとの集計あるいは教科ごとの集計をします。数値化して棒グラフ等に視覚化してみると，特徴的な「よさ」や「課題」は見えやすくなります。

　その時に両極端の結果が出ることがあります。しかし，集計結果を平均化しては正確なニーズや意見はつかめません。学年や学級によって，児童生徒の「分かる授業の満足感」や，保護者の「総合的な学習の時間への理解」に明らかに差があるときに，平均して「ほぼ達成」という結果を導かないことです。

　例えば，「総合的な学習の時間」の取り組みについて，「大変充実している」という結果が多く出た学年もあれば，ある学年だけ「そうは思わない」という結果が出て，保護者の自由記述欄に「何をしているのか分からない」という声があったとします。それを小学校なら4学年，中・高等学校で3学年を平均化して，「ほぼ充実している」という学校全体のまとめを結果としても学校の本当の課題は見えてきません。

　また，学級や教科によって，授業が成立しないという現状を打破していくためにも結果として出てきた現実の数値を直視して，組織として改善に当たることが大切です。

　結果の分析の仕方として，次の2点が考えられます。
　①マイナスイメージから課題の明確化と焦点化をすることです。
　②プラスイメージから，特色の明確化のために結果を活かすことです。
　課題の明確化と焦点化が問題解決の具体策につながります。学校全体の集計結果をイメージによって分析し，学校が児童生徒，保護者から高いプラスイメージでとらえられるよう慎重に全教職員で意見交換を十分して考察することが必要です。そのことが，組織体としての学校の資質向上を図ることになります。

第6章　ああする，こうする，学校評価のプロセス

【結果の分析は，スーパーバイザー的な存在からのアドバイスが必要】

　また，どこからどのように取り組むかスーパーバイザー的な存在からのアドバイスが必要だと思います。具体的には，大学や国立教育政策研究所，都道府県の教育センター等で，学校評価を専門に研究して，多くの事例にかかわっている人を市町村が実施する研修や校内研修に招くという方法も有効です。人選のポイントは，学校現場をよく知っている人，実際に学校で実施にあたって推進役を担った先輩教師などもよいでしょう。

【結果の分析をもとに，校長が学校のビジョンを示す】

　校長や推進担当が分析結果を教職員に提示することが重要です。

　評価結果の数字の集計だけでは，評価を学校改善に活かしていくことにはなりません。また，その評価結果や分析結果をもとに，校長が学校のビジョンを示すことも学校組織の活性化のもとになります。それは，課題解決のための具体的方策を全教職員が考えることが必要となるからです。課題に応じて分掌別，学年別，学級別に検討していきます。

　すぐに取りかかれる具体的な課題と中期的な課題，長期間を要する課題とに分けることも大切です。具体的，短期的に解決できるものはすぐに課題解決に取りかかり，一定の結果を出して児童生徒や保護者の反応を見ることにします。中長期的なものは，取り組みを行いながら解決できるよう，課題について日常的に意識していなければならないことを教職員は常に自覚することになります。

Q9　結果の公表は，どのようにしたらよいですか。

【評価結果の公表は改善策とセットで】

　本来，公的な調査を行った時は，調査にかかわった人にその結果を迅速に返すことは当然のことです。もし，評価結果を得ながら公表しなかったり，迅速でなかったりすることは，新たな不信を生むことにもなりかねません。また，繰り返し評価活動を行う際の協力を得にくい状況をつくるもとにもなります。公表の仕方は，学校の主体性をもった工夫が必要です。

　以下の方法が考えられます。

　○すべての結果を数値で示し，グラフ化してビジュアルに伝える。

○項目の分類をして，教職員，児童生徒，保護者等の比較で示す。
○特徴的なことを焦点化して公表する。
○分析後，組織として取り組む方策を示す。
　そのためには，評価結果の公表は，単なる集計の数値のみでなく，改善策とセットで示すことが必要なことです。「いつまでに，だれが，どんな方法で」かを，組織として責任と分担を明らかにすることです。特色をアピールとして活かし，教職員の誇りや自信にすることが大切です。

> Q10　課題の焦点化は，どのようにしたらよいですか。

【課題の焦点化は，学校の特色づくりとなる】
　結果として出てきたすべての課題について，一つ一つ解決していくということではありません。学校が主体となって，どの課題を解決していくことが必要かを焦点化することです。結果として，それは取り組むプロセスそのものが，学校の特色づくりとなります。焦点化の方法としては，次に5つの例を示します。
　①職員と児童生徒，保護者の評価結果のズレが大きいところから，検討します。
　　　診断項目には，調査対象者が児童生徒，保護者，教職員等と違っても内容が同じものをまとめて比較します。
　②評価項目のマイナスイメージの大きいところから検討します。
　③ズレやマイナスイメージの共通項を分析します。
　④学校に対する満足度の最も低い児童生徒の回答を取り出して,分析します。
　⑤授業改善から取り組みます。
　　　◇授業づくりが児童生徒との信頼づくり，保護者との信頼づくりとなります。
　　　◇児童生徒の満足感は「分かる授業」から，始まります。
　　　◇教職員が，教育の専門性を発揮する場となるからです。

第6章　ああする，こうする，学校評価のプロセス

> **Q11**　「学校評価」と「学校評議員制度」(「学校協議会」)とは，どのように関連しますか。

【学校評価と学校評議員制度は，車の両輪の役割】
　学校評議員制度は開かれた学校づくりを目指してつくられたものです。学校評価と学校評議員制度の関係は，大阪府教育委員会が示す「学校教育自己診断」と「学校協議会」の関係としてp.72図1を一つの参考にしてください。
　①学校評議員（学校協議会委員）に評価結果を公表することは，学校が実施している教育活動の理解や協力を求めることになります。
　②学校協議会等の外部評価者ともなり得る方が集まる場で，学校評価の結果をもとに，評価項目の検討を実施することも考えられます。学校の課題を地域の理解によって解決していく第一歩になるからです。

　「楽しい学校生活を送りたい」，「明日はもっとできるようになりたい」と望まない子どもはいません。また，「子どもの豊かな心の育成と確かな学力の定着」を願わない保護者・地域住民は，いません。
　「学校評価」の結果を受けて何から実行するか，学校としてのビジョンと外部のどんなニーズにこたえるかの決定が早急に望まれます。それが，評価結果を改善につなげることです。学校通信で，地域の小中学校，高等学校と双方向に，地域の各関係団体に，町会の回覧板とあらゆるネットワークを活用し，事実を公表して丁寧に伝え，保護者・地域の教育力の支援を得ることが大切です。
　また，「学校評価」を活かして学校改善を進めるための一つとして，機能する学校協議会を運営することが重要です。つまり，自己評価としての「学校評価」から外部評価への発展として，学校協議会を位置づけることです。
　機能する学校協議会の条件を以下のようにまとめることができます。
　（1）人選にあたっては，学校評価者よりも学校参画者として考慮します。
　　　学校教育目標を理解し，育てたい子ども像を共有できる人，学校教育目標を実現するため厳しく新たな視点で提言実行するスーパーバイザーとなる人，充職(あてしょく)ではなく，サポーターの役割が担える人を選びます。それは，単に学校評価者ではなく，学校経営参画者でもあります。
　（2）議題は，学校が主体的にポジティブに発信する場とします。

学校が家庭や地域と連携協力して教育活動を展開していくために随時，家庭や地域に学校運営について説明します。その説明の根拠として客観的データである「学校評価」結果の資料が活用されます。それを学校から主体的にポジティブに発信する場となります。
（3）校内にはない発想と専門性を活用します。
　　　子どもの実態から必要であると認められたことは，実行に移す柔軟さとフットワークのよさが重要です。学校協議会の中で，全体で活動を始めなくても分科会として部分からの取り組みを始めることもできます。それは地域の活力を活かすことでもあり，地域が活性化することでもあります。双方向にメリットがあるところには，発展と継続があります。
（4）3つの機能のバランスが重要です。
　　　「学校は何をしているのだろう。」「何が解決すべき問題で，自分たちには何ができるのだろう。」その答えが実践力となって機能しているのが，学校協議会であると言えます。
　　○評議機能（地域の期待を反映する）・・・なぜ
　　○調整機能（責任と役割を明確化する）・・・いつ，だれが，何を，どこで
　　○サポート機能（地域の活力を活かす）・・・どのように
　　　以上の3つが，それぞれがバランスよく機能している協議会は委員のメンバーが替わろうと，校長が替わろうと積み重ねがあり，発展性があります。実績からの手ごたえがあります。
　　　「なぜ，それをするのか」の根拠となる地域の期待だけが重く大きくのしかかっても，動けません。いつ，だれが，何を，どこでするという役割分担だけがあっても，サポートの中身に地域の願いや期待が反映されていることが大切です。
　これからの学校は，個々の教員による教育活動が集団としてまとまり，教育力を高めていく組織体としての機能がより強く求められています。その組織体に，いかに機能する学校協議会が位置付くかが，学校の改革の積み上げとなり，元気の源となります。子どもに「生きる力」をはぐくむためには，今後一層学校は地域と連携しながら教育活動を展開することが求められます。
　総合的な「学び」には，保護者や地域社会の協力は不可欠です。学校は積極

第6章　ああする，こうする，学校評価のプロセス

的に地域社会と連携していくことが重要です。これからの学校は，それぞれが地域の実態に応じて特色ある教育活動を展開していく時代です。学校の裁量幅が拡大されていきますが，もちろんその分責任も重くなります。学校経営の透明性も求められているのです。

まとめ

　学校評価の実施だけを目的にする学校は徒労に終わります。明確な目的をもつこと，実施のプロセスそのものが学校改善につながるのです。学校が主体となって，学校教育診断を実施し，学校協議会を活かした学校運営参画者を広げていくことができます。結果の受け止め方，フィードバックの仕方が信頼を再構築し，学校内部の信頼構築が，外部の信頼の再構築に結びつきます。
　①「学校評価」の項目決定のプロセスを課題共有のプロセスとする。
　②「学校評価」の結果を実態データとして，数値化・視覚化する。
　③校内で共有した「学校評価」に照らして，課題を明確にする。
　④「学校評価」の結果は，課題解決策とセットで公開する。
　⑤課題解決策の具体化は，学校・保護者・地域住民とともに実行する。
　⑥課題解決策を具体化している取り組みは，随時その経過を発信する。
　⑦取り組みの評価を次回の「学校教育自己診断」の項目に設定するサイクルをつくる。
　⑧特に，授業改善や通知票改訂の取り組みが子どもの変容を通して，学校改善を実感させる。
　⑨「学校評価」を学校総体のアクションに対する方向性とし，次のアクションを生み出していく原動力の一つとして活用する。
　⑩「学校評価」の結果をもとに，学校協議会との意見交換による学校改善策を実行する。
　⑪「学校評価」は，校長と教職員，児童生徒，保護者が「信頼感」の構築を図る手段として活用する。
　学校評価は，だれかにさせられるのではなく，だれかのためにするのでもありません。教育にかかわるもの自身にとって，自己改善につながるデータの一つの役割を果たすと思われます。

2　外部評価を活かした具体事例

(1) 学校評議員会との意見交流による評価項目の改訂—B中学校

　自己評価に対して他者評価がある。内部評価に対しての外部評価。「開かれた学校」づくりが求められている今，学校自らが自己の教育活動を点検するとともに，どのように情報を発信し，外部からの評価を受けていくかが重要となっている。

　平成10年度から「B中語る会」を発足し，保護者等との間で意見交流の場をもっている学校がある。平成11年度には，教職員への自己診断と3年生へのアンケート調査を行い，平成12年度からは「学校評議員会」をスタートさせ，「学校教育自己診断」も本格的に実施している。この「自己診断」結果をどう活用するかが課題となる中，平成13年度から学校評議員会と教職員との間で意見交流会をもっている。そこで議論された内容等から，次年度へ向けての課題を整理し，学校運営や学校教育活動の改善につなげている例である。

　その手順については以下の通りである。
（1）平成14年度の学校教育自己診断について
① 　学校評価委員会の設置
　　構成：各学年から1名，校長，教頭の5名
　　役割：自己診断の日程作成・診断項目の検討・実施の推進・結果の集計・
　　　　　まとめと分析・広報
② 　実施の状況
　・調査期間：11月中旬学校として大きな行事が終了したころ。
　・診断票：教職員にはB中版（平成11年度に作成したもの）を使用した。
　　　　　　生徒と保護者には大阪府版を一部改訂して利用した。
　・回収状況：教職員は全員に提出してもらう。
　　　　　　　生徒はHR等を利用して出席者全員から提出させる。
　　　　　　　保護者からは，生徒を通して回収した。約1週間で7割程の
　　　　　　　回収率。
　・集計とまとめ：集計は，全教員で分担して行った。

まとめと分析は，評価委員会で行った。
③　意見交流会
- 平成14年12月21日（土）午前10時開催（約2時間）
- 学校評議員会の委員と教職員の代表（6名：評価委員2名，教務主任，生徒指導主事，学習指導部代表，教育課程検討委員会2名），校長，教頭が参加。
- 診断結果のまとめの報告と担当教員からの補足説明の後，意見交流を行った。
- 今回特に話題となった内容は，次の項目であった。
「学習評価・通知表」：前年度より生徒の評価がさがった理由について
「友人関係」：学校に来る楽しさについて
「総合的な学習の時間」：特に保護者の意見についての考え。

（2）「自己診断」の結果から学校教育の改善にむけて

　　昨年度から今年度にかけて，学校評価委員会で診断項目を検討し，今年度課題としている内容や聞きたいこと等の項目について改訂及び追加をした。その結果として学校教育改善に結びついていったと思える例が以下のものである。

【例1】「学校へ行くのが楽しい」について
- 昨年度の意見交流会で，委員から「楽しい」中身について調べてみる必要があるのではという意見があった。
- 他の項目に「学校行事」や「クラブ活動」が楽しいかというものがあったが，評価委員会では他の生徒とのかかわり，友人関係について調べてみることにし，次の2項目を追加した。「学校には，楽しく付きあえる友だちがいる」「学校には，悩みを相談できる友だちがいる」
- 前項は，どの学年の生徒も9割が「あてはまる」と回答し，後項でも7割の生徒が「あてはまる」とした。しかし，どちらも約1割の生徒が「あてはまらない」と回答している。
- 「悩みや相談に親身になって応じてくれる先生が多い」や「担任の先生以外にも保健室や相談室などに気軽に相談できる先生がいる」への「あてはまる」とした回答が2～3割程度となっている。
- 学校として，クラスの仲間づくりや悩みの相談を受けとめる体制づくり

を進めてきたが，まだ不十分であるとの結果である。これまでも，スクールカウンセラーの配置，クラスに入りにくい生徒のための部屋づくり，相談箱や意見箱の設置，そして，相談係の先生の紹介等を進めてきたが，さらに一層きめ細やかな取り組みを展開する必要があるとの認識に立つことができた。

【例2】「保護者や地域の人々といっしょになって学習や作業をすることがよくある」について
・昨年度82％の生徒が「あてはまらない」と回答していた。
・学校では，ここ数年来，1年生でボランティア体験学習，2年生で職場体験学習，また全学年で「総合的な学習の時間」等で，多くの地域の施設や人たちとともに学習や活動を取り組んできた。しかし，生徒たちは，学校内で保護者や地域の方々といっしょに作業をする機会がないとの判断であったと思える。
・そのような折，平成13年度ＰＴＡ会長（現評議員会委員）から「B中応援団（おやじの会）」をつくり，いっしょに活動してはどうかとの提案をいただいた。早速，具体的に目に見える形で，生徒，保護者，教職員がいっしょになって活動することを目指してもらった。
・正門付近の花壇整理，植栽，廊下の壁のペンキ塗り，トイレ整備など生徒会や生徒有志と教職員が「応援団」といっしょになって汗を流した。
・今年度は，市が企画したユニークプラン事業に応募し，本校が企画した案も採用され約18万円の予算が得られた。この費用を用いて，共同の「作業」という取り組みを一層進めることができた。
・11月の自己診断では，「あてはまる」との回答が，昨年度より10数ポイント改善された。また，保護者への診断項目に「学校は，花の栽培や，樹木の手入れなど緑化活動に積極的である」を追加し，保護者から65％の「あてはまる」の回答を得た。

【例3】「学校評価」や「通知表」について
・生徒の回答で，昨年度より110数ポイント下がった項目がある。「先生は，学習で自分が努力したことを認めてくれる」「通知表の学習成績のつけ方は，納得できる」の2項目であった。
・7月の学校評議員会のテーマにかかげ意見をいただいた。目標に準拠し

第6章　ああする，こうする，学校評価のプロセス

た絶対評価や観点，評定などについて学習指導部の担当教員からの説明に委員としては納得をしていただいた。
・生徒の方は，「他と比べるのではなく，自分が努力したことが認められる評価」と説明を受けているので，これまで以上の期待感をもって臨んできたのであろう。
　しかし，結果がそうではなっかたことで，「なぜ?」との思いから，この回答につながったのではないかと考えられる。
・生徒及び保護者への十分な説明と評価規準の明確化などが，来年度へ向けての学習指導部の課題として現在検討が加えられている。

【例4】「授業」に対する評価の"ずれ"ついて
・生徒項目「授業は分かりやすく楽しい」への「あてはまる」回答は35％。保護者項目「子どもは授業が楽しく分かりやすいと言っている」への「あてはまる」回答は30％。教職員項目「生徒が学習する喜びと成就感のもてる，魅力ある授業の実践に務める」へ教員自身として62％が達成していると回答している。
・生徒，保護者と教員との評価に大きい差がついている。学校評議員会でも，このことが大きく取り上げられ，意見交流を行った。
・本校では，この数年選択授業の在り方や内容について，「総合的な学習の時間」などいろいろな学習の取り組みについて，工夫や改善を試みてきた。しかし，生徒の中では必修教科の授業への思いが強く現れているのではないかと考えられる。
・授業改革，授業改善については，何度か校内研修をもち教員の意識改革を図ってきた。また，「オープンドア」（全日学校開放日）を年2回開催し，保護者や地域の方々に授業を始めとしたすべての教育活動を公開してきた。そこでは，授業についての厳しい意見もいただいた。
・来年度へ向けて学校評議員会から，研究授業の公開を視野に入れた取り組みをしては，との意見をいただいている。学校としては，来年度の重点取り組みの一つとして検討している。

【例5】意見欄（自由記入欄）の変更
・評価委員会で，意見欄の変更を検討し，本年度本格的に実施している「総合的な学習の時間」について意見を求めることにした。

- 生徒からは，「楽しい，もっとやりたい」「地域や世界のことがよく分かった」「自分でテーマを選べたのがよかった」「自分の意見が発表でき，よく聞いてもらえた」「他のクラスの子と仲良くなれた」など肯定的な意見が多くあった。学年別では，1年生の8割，2年生の7割が肯定的であったが，3年生は半数近くが無駄で面白くないという意見を記入していた。
- 保護者からは，賛否が半々ずつあり，否定的な意見として「何をしているかがよく分からない」「他の授業を減らしてもやる価値があるのか」などが多くあった。一方で「多いに工夫をしていただき，子どもに学ぶ喜びを教えてください。学年通信で取り組んでいる内容がよく伝わっています」「とてもよい取り組みと思う。自分たちの地域はもちろん，その他広い視野で世間を知る手がかりをつかめる気がします」という声も届けていただいた。
- 本校の校訓「自ら考え，自ら行い，自ら責任を」が，今回の総合的な学習の"ねらい"に合致していることをふまえ，生徒や保護者にこの授業を一層進めていくことをPRしていきたい。
- 新しい取り組みについては，学校として十分な説明を繰り返し，しっかりとした情報を出していくことが，納得と理解を得ることになると考えている。反面，情報不足ということについて学校評議員会との意見交流会でも，学校からの通信物がなかなか家まで届かない状況がある中で，何か工夫が必要ではないかとの意見があった。
- 本校では，学校からの案内や便りには通しナンバーを付けたり，紙の色を変えたりHRで生徒に注意喚起したりしてきた。また，本年度からHPを開設した。「広報」という点で，今後校務分掌を含めてどうするか，次への課題として残っている。

まとめ

B中では，「開かれた学校」づくりや学校改善に向けて，この数年来「学校教育自己診断」の実施や「学校評議員会」の開催等を通して，学校内外から評価を得てきた。

学校は，その教育活動が生徒や保護者，地域のニーズに応じているかについ

て，学校自らが自己診断をし「目標」の達成度を点検し，学校運営や教育活動のための改善策を明確にしているかが問われている。B中は，生徒や保護者等からの評価を受け，それらを基にした学校評議員会との意見交流会を開催するという開かれた改善システムを設けてきた。

「これからの学校は，個々の教員による教育活動が集団としてまとまり，教育力を高めていく組織体としての機能がより求められている」（大阪府教育委員会：島善信課長）の指摘があるように，教職員個々の教育力を高めつつ，学校全体の組織として，今後も「開かれた学校」づくりに工夫をし，改善を加えていく予定である。

(2) 学校内外への透明性とスピーディな変化の発信―G高等学校

① 学校協議会をビデオで全面公開

G高等学校は平成13年4月1日に学校協議会を設立した。平成12年9月に校長より職員会議において「学校教育自己診断」「学校協議会」の両方についての趣旨説明がなされ，平成13年1月に「学校教育自己診断」を実施した。

校長，全教職員，全生徒，全保護者対象にその回収率等に課題を残しながらも完全実施した。

一方，「学校協議会」の設置については，教職員間では「時期尚早」の意見が強く，当時としては設置に反対する教職員が絶対多数（賛成者は3名）を占めていた。しかし，校長は，学校の府民への「説明責任」「学校の教育活動の活性化」「地域に生きる新しい発想をもった学校づくり」を掲げ，「校長決裁」ということでこの設置を決定した。

こうした経緯をたどった結果，管理職ペースでこの学校協議会を当初はスタートせざるをえなかった。しかし，教職員間の意見の相違の調整は，「学校協議会」を「全面公開する」という形でスタートさせたことにより，改善されたものと考えている。

「学校協議会」は，校長の「支援組織」であると考える人もいるが，結果的にそのようなことがありえるとしても，「学校へのさまざまな提言」を得る機関であることを徹底し，傍聴できなかった教職員には，学校協議会の実際の様子を撮影したビデオを活用する機会を準備した。以後の学校協議会の教職員の理解の深化にはプラスに作用したものと推測される。

つまり，外部と共に内部への情報公開も同時に重要なのである。

「校長が特定の委員と話を進めて，外部から過大な注文を受けるのではないかという教職員の認識不足を「透明性」によってカバーする鍵となっているのである。

② 「言いたい放題の会」でも「言いっぱなしの会」ではない協議会

「G高校の生徒をどうするか」については，熱い教育観をもつ人選にこだわった。「言いたい放題の会」であるが，決して「言いっぱなしの会」ではない。提言を実践する「機能していく会」である。また委員からは「提言したことを『蔵』に入れるな」と強く求められていた。

委員自らが，教育活動の現場で生徒と直接に向きあって汗を流したという実績がテコとなり，その後の取り組みに反映することになる。

校長と適度な緊張関係を保ちながらの運営は，学校協議会委員の提案を活かすなどして，その後さらなる取り組みは続いた。

一例をあげると「さあ，みんなで Let's Go PAINTING！」がある。これは，近隣にあるD大学との高大連携で大学生と生徒が仲良くペンキ塗りをするのである。これ以降，廊下・壁等への落書きがまったくなくなったという。このペンキ塗りの活動は，平成15年度に，D大学生20名に加えてもう一つのE大学生2名も加わり，継続が図られ，新たな連携関係へと発展している。

さらに，「確かな学力」を求めて，25項目にわたる生徒による授業評価も行われている。E大学の技術支援を得て，このデータ処理を行い，授業改善に役立てている。

これは，協議会委員のサポートから高大連携のメリットが双方向に発展して，生徒のために活かされているのである。

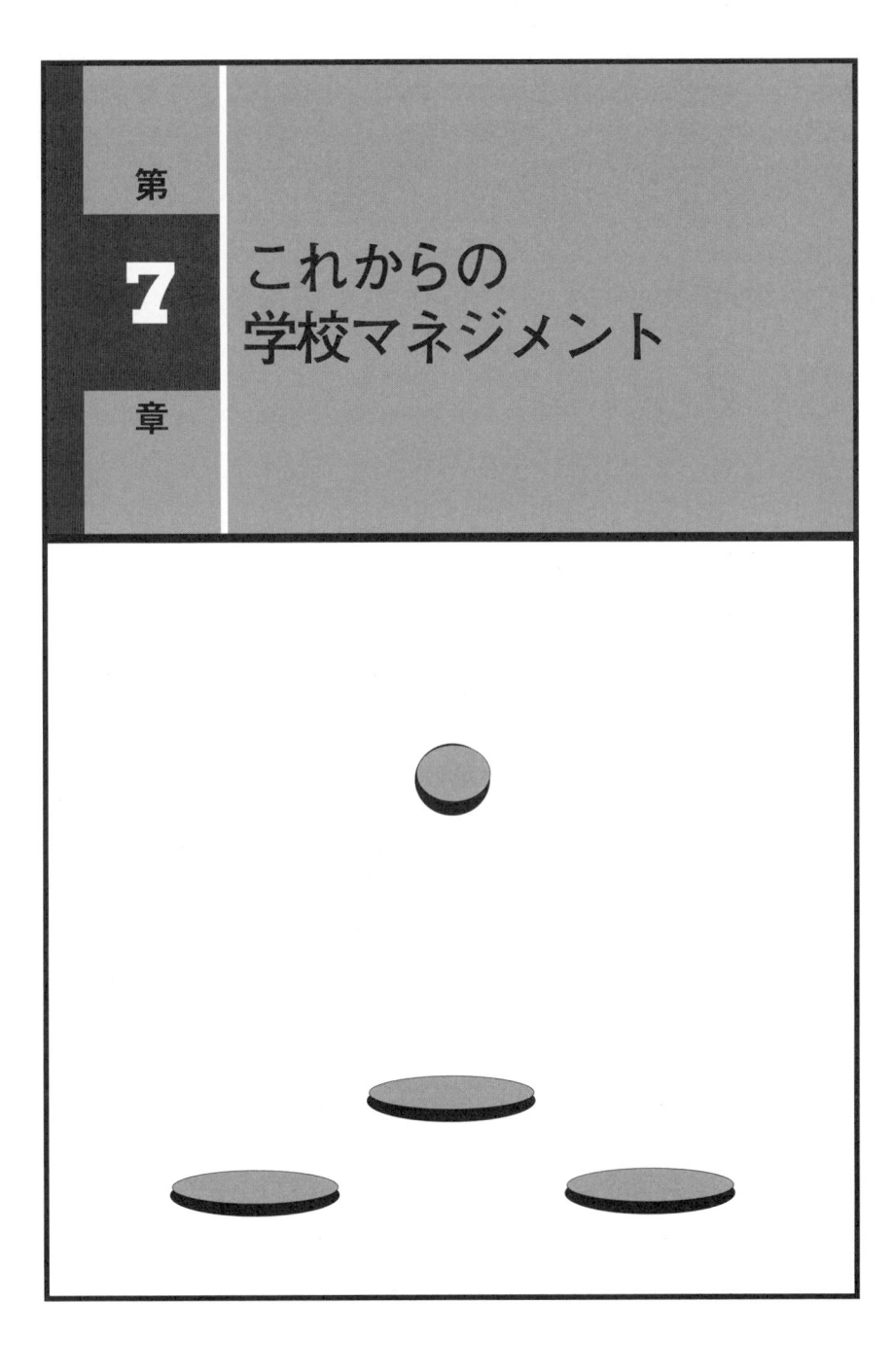

第7章 これからの学校マネジメント

これからの学校マネジメントとして大切なことは3つある。
　1つ目は，「マネジメント・サイクル」の各段階を活性化することである。すでに学校には，目標を立て（Plan），目標達成に向けて取り組み（Do），点検・評価し（Check），次への改善につなげる（Action）という手法が，取り入れられようとしているところである。重要なことは，それぞれの段階を活性化させることである。
　2つ目は，「目標による管理」である。教職員がそれぞれの役割や状況に応じて，学校の教育目標，組織目標と適合した個人目標を主体的に設定し，校長等が教職員の目標達成を支援することにより，教職員，学校が一体となって教育力を高めていく結果が得られる。
　3つ目は「育ち合う教職員組織の確立」である。教職員がその資質・能力を向上させていくには，自らの優れている点や不十分な点を認識し，その改善に向けて努力していく必要がある。そのためには，自己評価として，まず自らの気づきが重要である。さらに他者評価という要素が資質向上には不可欠である。

１　「マネジメント・サイクル」の各段階を活性化する

(1)　学校が自由に使えるカネ

　厳しい財政状況である。どこもかしこも「カネ」はないという。
　小さい話だが，私の親しい新婚夫婦の家計の話である。彼は，給料の中から，自分の小遣いは5万円とり，食費として1か月10万円を彼女に渡している。その食費の中から残った分が彼女の小遣いだという。
　彼女は，少しでも節約しようとし，安い旬の食材を探して，手作りのおいしい食事づくりに励んでいる。「やりがいがあります。」と言う言葉を聞くところからは，たぶん，彼女の小遣いは，彼よりも多いのではないか。
　なかなか，うまいやり方である。
　これは，和歌山県教育委員会が2003年度から新設した仕組みと共通する。
　各県立高校による水道光熱費の節約で生み出した予算を各校に自由裁量の物品購入費などとして再配分するというものである。前年度の10％削減が達成できれば，一校平均で約30万円が配分されることになる。本来，エコスクール事

第7章　これからの学校マネジメント

業であり，趣旨は環境問題の意識高揚ということである。

　また，京都市教育長は，平成15年（2003年）度当初に当たって，「政令指定都市で唯一，教育費の増額で教育予算を編成できた」と強調した。

　京都市教育委員会は新タイプの学校運営指定校対象の校長予算権限を拡大した。

　物件・労力に関するものは，従来40万円までだったものが100万円になり，図書及び雑誌に関するものが150万円になった。小規模修繕については，50万円から100万円までにと，予算の執行権限を広げている。

　また，札幌市教育委員会も試行を始めた。日本教育新聞の平成15年（2003年）8月15日付けによると，水道光熱費を過去2年間の平均額より削減できた場合，2分の1の金額を各学校が自由に使うことができる。期間は3年間で，公立小・中学校の1割強に当たる36校でその試みを始めた。

　年額約100億円が同市の公立学校の管理運営費であり，そのうち，光熱費が40億円に上る。

　すでに，12年（2000年）度から市立高等学校7校で同様の取り組みがなされている。結果は，約15％が削減されたという。以前より，施設設備の点検を念入りに行うようになり，漏水を発見するなどの効果もあった。

　今年度は，小・中学校にも希望を募ったという。

　一般家庭なら，家計が苦しくなったら，食費を切りつめたり，何らかの生活に変化をもたらす努力をしないと暮らせない。少なくとも，苦しいと分かっていて，水道を出しっぱなしにしたり，使ってもいない部屋の電気をつけっぱなしにしたりはしない。

　しかし，学校でこの意識をもつのは，管理職や事務職しかいないのではないだろうか。トイレの水が流れないときは，子どもや教職員から教頭に連絡があっても，水が止まらないときには連絡がない。

　社会科や「総合的な学習の時間」の活動で，子どもが校内で使用される水道費を調査し，事務職にその金額を尋ねて，驚いていたことがある。その学年の取り組みから，「校内の水漏れ発見報告」が増えたこともある。最近では，地球環境への意識をはぐくみ，実践できる子どもを育てる取り組みが進んでいる。その取り組みが校内環境から，地球環境に広がり，それとともに，学校予算が増えれば一石何鳥にもなるはずだ。

大阪府では，平成12年度から府立高等学校特色づくり推進事業を実施している。学校管理費などの経常的経費に加え，各学校が進める特色づくりを支援するための事業である。がんばっている学校にはそれに見合う支援をすることが，校長のリーダーシップを支援し，学校を支えることにもなり，予算の有効活用にもつながるとの考えから実施している事業である。

　各学校から提出された事業計画を，学校改革や教育内容・方法の革新に資するものについて積極的に評価するとともに，府民の理解を得られるよう，
　①必要性（課題解決に資すること，生徒・保護者の期待にこたえる事業であること）
　②事業の熟度（計画がよく練られ，学校での取り組み体制がしっかりしていること）
　③費用対効果（費用に見合う成果が期待できること）
　④成果測定（府民に対して成果を分かりやすく示す工夫があること）
　⑤優先順位（複数の事業のうち特に優先したいもの）
といった観点から審査し，予算配当するものである。その趣旨からメリットシステム的な観点も加え，一律に配分されていない。

　「汗出せ，智恵出せ。それも出せないなら辞表を出せ。」と，某市の教育長が言われたという，有名な話が語り継がれている。

　教育委員会というものはありがたく神棚にあげて拝んでいれば学校が改革されていくという物ではない。教育委員会が出す施策をいかに活用し，機能させるかユーザーとしての学校運営が求められる。

(2) 学校のマニフェスト

　2003年，新しいスタイルの選挙公約として注目された「マニフェスト」がある。その原型は，1987年の英国総選挙でサッチャー首相の保守党が作成したものだといわれる。

　政策の達成目標や数値目標，財源のあてや実施時期等が明示されている。
　政治の世界では「公約」は「実行されない物の代名詞」とも思われてきた。
　しかし，教育の世界では「公約」すら示されてこなかったといえるのではないか。
　「マニフェスト」の導入によって，魅力的なものを示し，実現に努めれば評

価を得られる。反対に，達成度が低ければ，評価が得られず，政権は交代する。

マイカーを購入するときは，各社のカタログを見る。展示場に出かけ，もちろん試乗もする。アフターケアでも，宣伝と大きな違いがあれば，次回は他のメーカーの車に変える。家の購入であるならば，さらに慎重にならざるを得ない。しかし，宣伝と違うからといってもなかなか簡単に，「次回は」というわけにいかない。

まして，学校教育には，「次回は」ない。人生のやり直しはできても，必要なこの時期のやり直しは保証されない。

どこかの政党のように，本格的に「学校改革マニフェスト」を出そうにも，校内から従えないという教職員が出るようでは機能しない。

管理職だけで作成しても，実際に目標を達成させるのも，実行時期を守れるのも，教職員の実践力に負うところが多い。

管理職と教職員が共に「学校のマニフェスト」を作成するというのは，どうだろう。

一度も話したことのない職員がいても，同じプロジェクトチームに入って一緒に悩めば理解が深まり合う。目的は，プロジェクトのテーマ達成であるが，結果として教職員間のコミュニケーションが深まるという効果もある。

小さな例ではあるが，小学校の場合，体育大会の準備に向けてグランド整備を全職員でする。プール開きに向けて，プール清掃もする。そんな作業を通してさえ，何か共通の体験が人の心をつなぐ時間を生み出すものである。

教育という仕事は専門性を追求し，一人だけでもコツコツ研究できるだけに，「相違を総意にすること」には難しかしさがある。

しかし，一方で「作業」を通して，見えるモノをつくる，結果を出すということは，教職員は好きであると私は思う。

ただ，「検討委員会」というプロジェクトではなく，「実施委員会」にすることである。実施のための具体策を企画する組織である。検討だけに終わっている時間はない。

次に，達成目標の示し方である。

分かりやすさは必要である。しかし，数値化ばかりで示せる物ではない。

例えば，特色ある学校づくりに向けての「魅力ある教育課程の編成」は重要である。

これは児童生徒・保護者・教職員のだれもに見えやすいカテゴリーである。目標は，数値化でなく，つけたい力を具体的に示すことである。
　例えば，「総合的な学習の時間」を活用して，小学校英語教育を進めるということは今後，教科になるまでますます進んでいくことだろう。2004年3月現在の教育特区27のうち，8が英語教育に関連する特区である。これだけ英語教育が突出している。
　例えば，朝日新聞2003年6月15日の朝刊によると，東京都荒川区では次のような目標を示している。小学校では「英語で道を聞かれても，英語で答えられる程度」，中学校では，「3年生全員が英語検定を取得し，うち2割が準2級に合格する」ことである。
　そうなると，小中一貫の英語教育カリキュラムが示され，人的配置や指導法はどうするかを検討し，事前に示すのである。
　これは，背景として地域の特色を活かしたものである。2010年に開通予定の成田新高速鉄道で日暮里駅と成田空港は36分で結ばれる。開通後は外国人旅行者が増える。そのときに外国人を温かく受け入れ，国際交流の拠点となるまちづくりを目指すのだという。
　3年先，5年先，10年先，予想されることは，すべて逆算の支援が必要である。
　何度も言うが，それが私がモットーとする「教育は人づくり，町づくり，やってる私は若づくり」なのである。どのような人をつくり，どのような町をつくっていくか，そのために地域のニーズにこたえた学校のミッションづくりが必要となる。
　次に，ミッションづくりの要素である地域理解について述べていくことにする。

(3) 歩いて知る地域理解

　地域があるから，学校が存在する。そして，子どもの数に対して，教職員が配置される。そんな当然のことを飛ばして，「授業づくり」の学習素材としてしか「地域」を見ない教職員も少なくない。
　町が変われば，ニーズも変わる。
　転勤してきて，全く校区を知らない教員が生活科や社会科，理科を教えるの

第7章 これからの学校マネジメント

は、「不遜」である。

　家庭訪問をして初めて子ども理解が進むように、転勤が決まったら、まず「地域探検」を自転車ですることである。車の移動では、子どもの目の高さで語るには落差がありすぎる。

　せめて、通学路は自分で歩きたい。歩いて見えてくる生徒指導上の課題もある。狭い路地裏にゲームセンターがあり、地下に降りれば、たむろする基地がある等の発見も多くある。危険箇所の未然防止対策や子ども理解の「もと情報」ともなる。

　管理職ならば、4月の第1週に、「赴任の挨拶回り」という日程をこなしながら、地域住民を通して、「地域の実態とニーズ」を把握する。

　教職員は、「校内案内」はされても、「地域案内」がされる所はあまり聞かない。

　次の学年準備で多忙を極める春期休業期間ではあるが、教職員間で、情報交換しながら、転勤者と自転車で児童生徒の生活圏（校区だけでなく）をツーリングすることを定着させてみてはどうだろうか。

　小学校の場合、入学後まもなくの2週間程度は、児童の家の近くまで集団下校をして1年生を連れて行く。

　安全指導とともに、地域の方への「顔見せ興業」だと認識して、特に、新転任管理職は、自ら買って出たいところである。

　私が、歴史と伝統ある校区に、初めて教頭として赴任したのは、42歳の春であった。女性管理職が赴任するのが初めての校区であった。しかも、若づくりの若輩者が赤いスポーツカーから降りてくるのを、迎えに出てくださっていたPTAの方々と地域の役員、教職員の目は点になっていた。

　しかし、毎日新1年生を送り、地域を歩き回るうちに、地域の方々の温かさと期待の大きさを実感させられた。

　どんな雨の日も、そこここに立って待っていらっしゃる保護者の態度は、「学校への期待」に満ちていた。そして、付いて送ってくる教頭の笑顔と言葉かけをわずかな時間ながら、必ず待ち望んでおられた。恐らく、違う方面に送る1年生担任に対しても同様だったと思う。

　しかし、立場が違う分、管理職への声かけは波及効果があると考えられたのだろう。「学校への要望」「これまでの幼稚園や保育所での悩み」「担任への期

167

待」等，さまざまな情報とともに，激励や感謝をわずか2・3週間の間にいただき，地域のリサーチはスピーディにフレンドリィに進んだ。

もちろん，その期間が終了したからといって，情報収集が終わったわけではもちろんない。むしろこの期間が，地域理解をふまえた学校支援へのスムーズな始まりだったといえる。

目標を立てる段階ではもちろんのこと，目標達成に向けての取り組みの段階でも，常に地域のニーズや実態を理解せずに達成はし得ない。

2 「目標による管理」と校長の支援

(1) 特化して求められるマネジメント能力

これまで以上に，校長に求められる資質としての「マネジメント能力」が特化して，必要とされている。その背景は小・中学校設置基準の創定がある。

『教育委員会月報』平成14年5月号によると，これまではそのほとんどが公立小・中学校であるなどの理由から，学校教育法三条に基づく設置基準を設ける必要性が乏しいとの政策判断があった。学校教育施行規則において，また義務標準法において措置してきたから機能しているではないかということであった。

平成12年（2000年）12月の教育改革国民会議の報告，平成13年（2001年）12月の総合規制改革会議の答申をふまえて，小学校設置基準と中学校設置基準が創定され，平成14年（2002年）4月に施行されたというわけである。その中で，2つの重要なポイントがある。

1つは，設置基準の二条（自己評価等）である。

二条は，教育水準の向上を図り，学校の目的を実現するために「教育活動その他の学校運営の状況について自ら点検評価を行い，その結果を公表するよう努めるものとする。」と規定している。

また，これに関連して，文部科学事務次官「通知」によると次のように留意事項の中で指摘している。

> 「自己評価の対象として，学校の教育目標，教育課程，学習指導，進路指導等の教育活動の状況及び成果，校務分掌等の組織運営等が考えられる。」

2つ目は，設置基準の三条（情報の積極的な提供）である。

第7章 これからの学校マネジメント

「教育活動その他の学校運営の状況について保護者に対して積極的に情報を提供するものとする。」と規定している。

また，これに関連しても，文部科学事務次官「通知」によると次のように留意事項の中で指摘している。

「保護者や地域住民等に対して積極的に情報を提供する。」

提供すべき情報の内容については，「学校の概要，教育目標，教育課程，教育活動の状況などが考えられる。」

これらの2つの事項は幼稚園と高等学校の設置基準の改正により追加されている。このように改革の提言が，各学校の教職員全員に直接降りかかってきたことが，かつてあっただろうか。私の認識不足だけではないだろう，一大事である。

そして，このことが教育委員会や教育センターの管理職の研修講座の改善，また大学院での管理職養成コースの設置等に拍車をかけることになろうとしている。

まず，教育委員会や教育センターの管理職の研修講座の改善についての関連で述べていくことにする。

牧昌見聖徳大学教授は，『学校経営』（第一法規出版，平成15年2月号p.22－p.23）の中で，次のように「文部科学省プロジェクト」が進められていると説明されている。

> 「文部科学省は，『マネジメント研修』を教職員の教員研修の体系・構造のうちに位置づけるためのモデル開発を行い，任命権者の取組を促進するため，教員研修に係る調査研究の一環として『マネジメント研修等カリキュラム開発』会議を設けている。私は，メンバーの一員として関係しているところである。」

この会議では，学校の組織マネジメントを「学校の有している能力・資源を学校に関与する人たちのニーズに適応させながら，学校教育目標を達成していく過程（活動）と暫定的に定義し，

①学校内外の状況に学校組織をマッチさせ，方向付けるPDS
②そのために必要な外部環境の把握・分析・解釈
③内部環境（資源・能力）の把握・分析・解釈

が，重要な要因とおさえ，検討を進めている。したがって，校長・教頭の役

割・責任としては，①使命感と責任感，②学校ビジョンの構築，③環境づくり，④人材育成，⑤外部との折衝などが研修課題となるものと考え，研修カリキュラムの開発に努めているところである。」と。

引用が長くなったが，私はこの「マネジメント研修等カリキュラム開発」を受けて，管理職研修を企画運営していく立場にある。これは，大変画期的な研修である。

木岡一明総括研究官（国立教育政策研究所）や浅野良一主任研究官（産業能率大学）から，講義を受けている。大変中身の濃いワーキングを通して，各教育委員会や教育センターの研修に活かすことが模索されている。

(2) 「組織マネジメント研修」より

以下は，その「組織マネジメント研修」から学んだ内容をまとめたものの一部である。

① なぜ，今，組織づくりが必要なのか

教職員は個々に大変優秀である。そして，個々に大変こだわりがある。自分勝手であるともいえる。

特に，「学級王国」といわれるように，自分が王様であり，「教科の専門性でいえば校長より力量も有り，研究もしている。」というのである。

確かに，担任より，よっぽど英会話もパソコンも達人の生徒もいる。また，ピアノ，琴，器械体操等が求められている。「オールマイティ，全人格者しか，教職員になれない。」とは，だれも思ってはいないけれど，必要な能力への要求は，常に高まっている。すべての教職員が，すべての能力を満たすのは困難であろう。

② なぜ，今，組織の活性化が必要か

今，生起するさまざまな事象に，管理職だけで対応できるものでない。また，経験則だけで対応できるものでない。そして，校内だけで対応できるものでない。

信頼の時代には，学校は保護者や地域住民から，委ねられ任せられていた。
かつての学校は，存在そのものが信頼であった。

第7章 これからの学校マネジメント

よく聞く言葉として，
「かつて学校にだけピアノがあり，今は学校にだけクーラーがない。」
がある。これは，物的環境の変化を端的に言い表している。

メンタルな部分でも，リーダーシップが発揮されなくても，個々の教職員がそれなりに，学校への信頼を維持していた。

老舗の商法で近隣の商店街の中では，地域住民は，そこしか知らなくて，繁盛していた。代々の店主の「カオ」と「カオ」のつながりで商売が成立していた。

「祖父の代からここで買っている」ということが「理由なき理由」だった。

また，病気の時も同様であり，「あの医者に任せてさえいればいい」という患者がいて，「祖父の代からここで診てもらっている」ということが「理由なき理由」だった。

患者が圧倒的に多くても，ムラの開業医が1軒という中で成り立っていた。

しかし，すぐ近くに総合病院ができた。施設も明るく，美しい。設備も充実している。インフォームドコンセントのある対応で，新しい医療の研究も進んでいる。

治療の説明はもちろん，アフタケアも懇切丁寧である。

どちらに行くかは，明白であろう。

これまでの章でも繰り返してきたが，学校の行方は「信頼関係の構築」にかかっている。

それは，学校総体として「組織」が共通にもっていること，理解していること，「実践していること」として信頼が生まれる。

転勤してきた年度，教職員はよくこう発言する。

「前任校では，こうでした。・・・」

では，あなたは，前任校では，それを推進してきたのか。と，いうとそうでもない。

「まるで，結婚したばかりの男性が自分は作ったこともないのに，自分はこの味のみそ汁で育ったから，それと同じ味を食べたいと，言い張るのと似ている。」と，浅野良一主任研究官は適切な表現をされた。

教職員の好みや習性で，やりやすいからとか，自分がスムーズになじめるからという都合で意見が交わされることに時間の無駄を感じずにはおれない。

進化発展は学校にも求められてきた。
・わが校の存在意義は何なのか。
・わが校の使命は何なのか。
　これらをふまえ，論議のベースを「昨年度」からどうしても離れられないのなら，まず，変えられるものと変えられないものに分類する。
　なぜ，このことに莫大な時間とヒトが費やされているのか疑問に思うことを書き出す。
　次に，なぜ大切なことだと認識しているのに時間とヒトがかけられていないのかということを書き出す。

③　リーダーシップを発揮する魅力ある実像

　私は早速，管理職研修の中で今年度より，試行しているところである。
　これまでの管理職研修においては，「先輩校長に学ぶ」という中で大変貴重な講義をいただいてきた。
　しかし，これまで限定されてきた経営機能よりは，どちらかというと，管理運営機能を重視したものが多かったともいえる。
　研修内容の改善が求められることは，一昨年度から予想され，また必要性を実感してきたことでもあった。文部科学省研修で，カリキュラムの例を示されたことによって，一層具体性のある改善点が明らかになると思われる。

(3)　「管理職養成コース」の設置

①　管理職選考試験の論文課題

　今年の夏，某教育委員会の管理職選考試験の論文に校長職のための大学院設置に関する課題論文が，以下のように出題された。

【次の資料（平成15年5月3日の日経新聞，筑波大学教授小島弘道教授による「校長育てる大学院創設を」というコラム【別紙】）を読んであなたの考えと，校長としてどのような学校経営を行うか具体的に述べなさい。】

校長育てる大学院創設を

筑波大学教授　小島弘道

民間人も参考に

民間人校長——。以前には聞かれなかったこの用語が、新聞などで広く話題となり報道される機会が多くなった。今や、校長にかかわる問題や課題を考え、語る際には避けて通ることができないほど一般的になった。

今年度は全国で五十人を超え、前年度から倍増の勢いだ。評判も悪くない。民間人校長に期待された資質や能力は経営感覚と経営力、そしてリーダーシップだが、これは日本の校長に最も必要とされ、しかし最も不足しているものである。民間人校長制を過大評価すべきでないが、今後の校長のあり方や力量を考える上で参考にすべき面は少なくない。

「学校の自主性・自立性の確立」を目指して進行中の学校経営改革は、地方分権と規制緩和を掲げる行政改革として行われた。学校の権限拡大、学校の経営責任の明確化（説明責任、学校評価）、参加型学校経営（学校評議員制）と並んで、これを実現する校長の経営力とリーダーシップをうたっている。

これまで学校の経営権は極めて限定されていた。経営機能は教育委員会側に引き寄せられ、学校にあるのは管理機能という実態が続いた。集権的教育行政と行政指導の学校経営のもと、行政が学校の経営の方針やビジョンを作り、校長はそれをいかに実施運営するかということに主たる役割が期待された。指示待ち、行政依存の姿勢といわれたように、自らもそうした認識に甘んじていた。

経営の感覚や思考を忘れ、もっぱら行政方針に基づき学校を運営する思考回路が形成された。こうした状況が、校長に必要な力量はＯＪＴ（職場内訓練）や教職経験、行政研修で十分培えるという認識を生んだ。

だが、自律的な学校経営の構築を求める声が高まる中、質と量とともに従来と異なる新たな力量が校長に期待されることになった。

第一は、校長が自ら学校経営のビジョンや戦略を設定する力量である。教育と社会・国家についてはもちろん、民族と宗教、戦争と平和など、国際的視野に立つ学校経営人としての教養、識見が重要となる。

次に専門性や知の変化で、教育の専門家としての職能から、学校経営計画、人事運営、学校組織開発、危機管理、学校評価、学校参加など自律的学校経営の構築に不可欠な経営力とそれを展開する力強いリーダーシップが求められるようになった。新たな力量といってよいものである。

こうした力量の形成を、これまでのようなＯＪＴや経験の蓄積、行政権集のみに期待するには限界がある。

知や技、自ら獲得

大学院での校長養成に長い伝統を持つ米国は特別としても、英国でもブレア首相はスクールリーダーのためのナショナルカレッジを設置した（二〇

一年)。ドイツ、フランスでは校長の養成・研修で行政と大学院が連携してその改善を図りつつある。中国でも「マクロな思考能力と計画決定能力」が重視されている。共通するのは、学校の権限拡大に伴って校長に新たな力量を求めていることだ。

これに対し日本では、校長の資格や養成・研修に大学院は関与していない。文部科学省は組織マネジメント研修を昨年度から試行しはじめた。行政が期待し提供する知や技は必要であり、一定の前進だが、資格と養成を行政の中で完結する連鎖にとどめるべきではない。

校長が自ら思考し、判断し、問題を解決する知や技を行政から一歩離れた大学院教育で獲得する機会を制度として位置づけることが必要だと考える。大学院教育に期待するものはまさにここにある。

校長職のための大学院入学資格は、五年以上の教育経験と教務主任などミドルリーダーを経験した三十〜四十歳代前半の者とする。ミドルリーダーの時期にティーチングの専門家としての力量を高め、その方向でのキャリアを選択するか、それともスクールリーダーでのキャリアを選択するか、教職キャリアの自己設計と自己選択を可能にする制度があってもよい。

いずれの道を選択しても、得意分野を核に自らの教職キャリアに磨きをかけ、専門的職業人へと脱皮する好機としたい。

開講形態多様に

大学院の設置形態としては、専門職大学院などの新しい大学院を設置する、英国のように全国に一校設置し、大都市にいくつかのセンターを置くか、いくつかの都市に拠点となる大学院を設置し、周辺の既存の大学院にセンターを置くことなどが考えられる。

修業年限は二年で、昼夜開講、土曜・日曜開講、集中開講など現職教員が勤務しながら履修できる多様な開講形態を工夫したい。

一年間はフルタイムで学び、二年目は例えば月一回自校での経営実践を報告し、その経営実践をめぐる知や経験を検討、深化、発展させるような反省的思考と、自分なりの経営実践のスタイルを構築することに向けた課題研究を修了条件とする。

すぐれた校長を確保し、学校の自立的経営を実現するには校長の資格と養成のあり方が戦略的な意味を持つ。校長職の資格・養成において大学院教育を条件のひとつに組み入れるというような思い切った政策転換が必要である。文部科学省に対し、校長職のための大学院設置を早急に検討することを強く求めたい。

(日本経済新聞2003年5月3日)
(原文縦書き)

第7章　これからの学校マネジメント

新聞各紙に常にアンテナを張っているか，そして，教育の分野だけでなく，「日経も読んでいるか」ということも問われているように思える。

教育界以外にも，常に高くアンテナを張り，情報が偏っていないことが求められる。法規，法令を根拠とする仕事であるのは言うまでもない。しかし，教育書しか読まない方に多様な価値観を理解し，新しい発想が生まれることは望みがたい。

②　「教える場」から「学ぶ場」へ

黒川温泉，湯布院2大温泉の一人勝ちはいつまで続くのだろう。
調査によると7割が女性でそのうちの8割がリピーターだという。
単なる温泉ブームではない。この黒川温泉，湯布院の2大温泉は，今でこそ全国的にその名を知られて，行ってみたい温泉地の常に上位をしめる。しかし，20～30年前までは，すぐ近くの一大温泉地である別府の影でひっそりとたたずんでいた。

この地ならではの，四季の美しい自然と質の良い温泉と洗練された街づくりを目指した結果である。個々の宿にある露天風呂を宿泊客が，好きな温泉をめぐっていいように温泉郷一体を丸ごと選択性にしている。

そして，ニーズをキャッチして自然を活かした温泉に手作りでつくり替えている。

ネオンも派手な看板もない。街めぐりを楽しむのに適度なサイズ，地場産業を活かした食事どころやセンスが光るティールーム，小さな美術館やギャラリーが並ぶ。

そこに来る人が何を求めて旅するかを，見事に理解しているからである。

ここには，特色を活かした創造的でセンスの光る経営と単なる流行に流されない信念が見える。品がある，なごめる，満喫できる。キーワードは詰まっている。しかし，しゃかりきにがんばりすぎを見せていないにもかかわらず，パワーが感じられるのである。

センスある興味深い学校経営のヒントが詰まっている気がする。

一度こんな温泉につかって，これまでの前例踏襲を洗い流して，頭も心も空っぽにしてから，学校経営をクリエイトしたい。

激しく変化する教育環境の下，現状維持では学校は生き残れない。そのため

には，意識改革の徹底化を図ることが必要である。

売り場でなく「顧客が買う場」として，「売り場」から「買い場」へと名称を変更した百貨店もある。学校は「教える場」から「児童・生徒が学ぶ場」としての意識改革をし，新たな指導法の開発によって転換を図る必要がある。

③ 校内の健康度を高める

経済の健康度は一言で言うと，お金が動くということである。現在，国民のもっている1400兆円が滞っているというのが，この不況の時代といわれる。その1％が動くと経済成長率が4％アップすることになる。

つまり，個人資産が血の固まりとなっているのである。この血の流れが悪いのが原因といわれる。

これは，校内の健康度をも表している。活性化していない学校は，まさにこのドロドロ血の状態である。

学校の資産という人材があるにもかかわらず，個人の力量が活かされていない。あるいは，その個人の力量を発揮する場がない。それぞれの資質という資産だけでなく，作成された資料という財産も全体に交流や提供がされていない状態である。

教職員間で，どれだけの情報交換がなされているかをキャッチすることが必要である。しかも，意味ある情報交換である。

　ア．学力の定着のために
　イ．授業改善のために
　ウ．豊かな心の育成のために

大テーマのもと，教職員の「ミニ講演会」「リレー講演会」等を企画してみてはいかがだろうか。

ここで「そんな時間がどこにあるのだ」と，思われる方は多い。

優先順位を間違ってはいけない。校内の健康度を高めるためには，「多忙感」という忙しがる習性をなくさねばならない。

確かに学校は年間を通して，繁忙を極めている。「師走」ばかりでなく，年間を通して，多用な時期ばかりである。

教員が学校にいる時間のうち，授業時間以外に何に時間を費やしているかを集計した学校がある。

その結果，授業づくりが1割，会議・打ち合わせが6割，保護者・子どもへの対応，2割，その他1割であった。改善策として会議・打ち合わせを6割から1割に減らすために，週1回の会議・打ち合わせを月1回に縮減させた。

その時間は，先のア．学力の定着のために　イ．授業改善のために　ウ．豊かな心の育成のためにと，教材研究に使われるようにした。

その時間を情報交換，教材づくりにかけることによって，保護者対応も減少する結果になったという。

健康度が高まれば，病院に通う時間も経費も削減され，ジムに通ったり，ウォーキングの時間も確保でき，さらに健康度が増すということである。

継続して，健康度を高めたい。

(4) 納得のいく教員評価に
―問われる評価者としての能力―

ノーベル物理学賞受賞者の東京大学小柴昌俊名誉教授がノーベル賞の賞金を使って，「平成基礎科学財団」を設立された。人類の知を生む基礎科学を応援するもので，子どもを本当に理科好きにさせた先生に対する表彰事業もするということである。

具体的には，「理科を好きにさせた生徒が多かった先生数百人を全国から選んで，一人100万円の賞金を出して表彰する」というものである。さすがである。

そして，次のように述べられている。

「自分が面白いとも思っていないこと，ただ本に書いていることを子どもに伝えるだけだったら，子どもがその科目を好きになるはずはないでしょう。だから，自分自身が理科を楽しみ教えることを楽しむような先生を，どう励まし育てるかが大事だと思っています。」

ノーベル文学賞をとった方が，子どもを国語好きにさせた先生を表彰する財団をつくり，ノーベル平和賞をとった方が・・・とは，いかないだろうか。

また，『声に出して読みたい日本語』で有名な齋藤孝教授（明治大学）は『文藝春秋』（2003年8月号）の特集で，教員評価について述べている。

「年俸1500万円，『実力給教師』を作れ」というものである。

「高校野球レベルの人間とプロ一軍のレギュラー，あるいはイチローのようなレベルの教員がまったく同じ給料で働いている。これは正常な事態

ではない。(中略)すべての努力は教師の個人的な善意に任されてしまう。これでは抜本的な向上は望めない。」「一般社会では，実力による給与差がむしろ当然だが，それによって企業の活性度が落ちたという話は聞かない。」「その(教員の)能力差は，サービスの受け手(子ども，保護者)が判断するのが妥当であろう。世の中のほとんどの領域では，サービスを受ける側が選択権を発動することによって，業界全体の質を上げてきた。」という。

現場の状況をふまえ，がんばる教師が元気になるための応援歌の一つかと私は受け止める。

そのためのいくつかの施策も提言されている。
・教科書採択制度の下では，教員のテキスト選択能力は問われないから，授業で使用する教材の自由化を図る。
・子どもや保護者の教員選択を可能にするため，小規模校でも1教科最低2人の教員配置をする。
・能力給分は，予算増額による上乗せというプラス評価方式でなければならない。

財政事情や評価基準の問題は，まだ残されている。また，競争原理の導入には，賛否両論の展開があることは常である。

私は，ここで評価者としての能力が根本的な問題になると考える。

評価は，改善のためにある。その改善の結果が，子どもの育ちに返ることが大前提となる。ここで，そのための指導法の工夫や改善を評価することこそが，大切である。

その評価の視点を明確にもつことが求められる。

「あなたに評価されたくない」

「あなたは何を評価しているの」

「あなたは評価できるの」

これらのいずれの言葉を教員から聞くことがないようにしたい。しかし，こんな言葉を言う教員がいたら，そっくり子どもに言われている教員かもしれない。

事前に，以下のことを示す必要がある。

①評価の目的
②評価計画

③評価の時期
④評価基準
⑤評価方法
そのうえで，年度とシラバスの提出を求める。

担当学年，担当教科の学習計画・評価計画や学年（学級）経営案，公開授業等「校長に反対意見を言えない制度」であるかのような「教員評価制度の誤解」は，どこから生まれるのだろう。

学校評価の試行期に「教育のことも分からない外部から，いちゃもんをつけられる制度」と言われた誤解と通じるところがある。

評価する立場の人間が，常に評価される側にもあってこそ，評価者としての力量が高まる。

それは，教員だけでなく，管理職もすべて同じなのだ。子どもの教育評価にかかわる者すべてにとって，常に前進し高まるための「ものさし」は必要なのだから。

新たな制度の導入が「見えないが故の批判」や「見てくれているつもりの評価」を改善する。

そして，それは教員のランク付けのための評価ではない。資質の向上やよりよい指導法の工夫改善が価値あるということの納得材料なのである。自分の誇りや励みとなり，「処遇の改善」としての評価にしなければいけない。

納得のいく評価ができる管理職の研修が重要である。公正な評価が個人の能力開発につながる。

(5) 評価する校長とともに評価される校長

浦野東洋一・東京大学大学院教授（教育学）が，2001年末に都内の半数の小中学校と全高校の校長と，各校の教諭1人ずつを対象に実施したアンケートでは，人事考課で教員の意欲や力量が高まったと答えたのは，校長で3～4割である。一般教員では1割に満たない。

しかし，民間では能力給は当たり前で，一般の公務員でも評価が待遇に跳ね返る例は珍しくない。

ある都立高校の校長は「教員の意欲や実力の違いは大きく，優秀かどうかはすぐ分かる。評価を受けたくないというのは甘えだ。」と切り捨てた。これは，

東京都の人事考課についての一文である。

大阪府教育委員会は、平成14年11月に「教職員の評価・育成システム」の試験的実施を開始した。平成16年度からは本格実施することとしている。

「評価・育成システム」は、教職員が学校の目標達成に向けた個人目標を主体的に設定し、各々の役割に応じて同僚教職員と連携・協力しながら、目標の達成に積極的に取り組み、点検・評価・改善を行うことにより、教職員の意欲・資質能力の向上と教育活動をはじめとするさまざまな活動の充実、組織の活性化を一体的に図ることを目指している。

この「評価・育成システム」では、教職員は年度当初に学校の教育目標に適合した目標を立て、取り組み、管理職は適宜面談等を行って教職員との共通認識を深め、適切な支援を行う。そして年度末には教職員の業績や能力を評価し、次年度の教育活動の充実に活かすというプロセスを踏んでいくことになる。

「評価・育成システム」を効果的に活用することで、組織的な、チームワークによる教育活動を充実させることができ、スクールリーダーである校長やそれを補佐する教頭がこのシステムに果たす役割は非常に大きい。何よりも、校長は、教職員に対して学校経営のビジョンを明確に示すことが求められる。このため、校長は、教育課程、生徒指導、進路指導、人権教育の推進、開かれた学校づくり、学校評価活動、学校運営体制、施設・物品の管理及び安全・健康・危機管理、人事管理・人材の育成その他について、現状と課題、そして達成目標と方略、進捗状況、達成度、今後の課題について常に自己点検しておくことが必要である。

次に、校長相互訪問期間を考えてみたい。

学校視察というのは、管理職研修でよく実施されることである。「何人かで、研究校を選択して訪問し、質問をして資料をいただいて帰る」というのが一般的である。

団体行動ではなく、近隣の校区の他の校種の学校・幼稚園・保育所への訪問を申し出て、校長・園長が相互訪問して行くということの意義は大きい。

情報交換だけにとどまらず、実際に訪問して、カリキュラム交換や通知表や学校評価の診断カードや授業評価カードなどを交換することによって刺激し合うことができる。もちろん、課題としている分掌担当や教科担当などが再度訪問していくうちに、効果は教職員の意識にも反映する。

中央教育審議会は98年，校長の権限強化を求める答申をまとめた。地域や保護者の要望にこたえ，特色ある学校をつくるには管理職のリーダーシップが欠かせない。ところが，「実際には教員を指導できず，反抗的な教員に自分の意見も満足に言えない管理職も多い。」という指摘もある。

(6) 学校改善ができる校長育成のための戦略構想

① 管理職になったものの・・・

すでにゴールに到着したかの錯覚からか，ホッとされる方がいる。その姿からは，苦労の後はにじむが，組織を動かして何かに向かうエネルギーは示されない。

新たな施策に対しても，「教育委員会からの指示で，皆さん大変だと思いますが・・・」「やりたくはないが，やらされる私の身になっていただいて・・・」の主体性のない説明である。

取り巻きだけの密室運営や「コミュニケーション」「ノミュニケーション」だけで進めようとする。

極端な例では，「殿，御乱心事件」という，自制心を失った暴言や「姫，泣きわめき事件」という，とても最高責任者がとったとは思えない人前での振る舞いエピソードが聞こえてくる。

闘ったものの，疲れてあきらめてという御苦労はうかがえる。

そんな方には，「元気の源」を注入するか，「管理職再生コース」という治療が必要であろう。

・「『英語が使える日本人』の育成のための戦略構想」を受けて，管理職バージョン研修制度の確立。題して「学校改善ができる管理職の育成のための戦略構想」
・Dランク評価の管理職のための夏季研修コース
・夏季休業中の2週間で3年間に管理職登用前研修プラン等の研修プログラムの作成
・管理職登用前の研修コース

② なぜ，あの人が校長に・・・

　春の人事異動は，教職員の大きな関心事である。「校長がだれであろうが・・・」等と口では言う教職員であっても，管理職人事に関心がとても強い。それは，「だれが評価されたのか」ということには関心があるからだ。

　「やっぱり」「さすがに」という深いうなずきがある反面，ブーイングが響くことも少なくない。

　ここだけの話（？），「あの人，学級担任の時，当時の数少ない学級崩壊だったよ。」という話がある。「教頭時代は，校務を放棄し会議室にこもって，管理職試験の勉強をしていた人だ。」等々のうわさ話はにぎやかになる。

　教職員同士は，指摘し，助言し合うことは，きわめて少ない。しかし，しっかり観察して相互評価している。特に，学級経営に対する評価や教科指導評価に対しては，自分の問題として常に評価項目は準備されているからシビアなのである。

　何度チャレンジしても，受からなかった教職員ほど，その目は厳しい。

　また，チャレンジする気が無い教職員も「理想の管理職像」が明確である。少なくとも，春の人事異動は「教職員のやる気のバロメーター」には間違いない。

　あんな管理職になりたいというモデルが目の前や身近に存在することが，次の時代を担う管理職が育つ基本的な条件ではないだろうか。

　「ああはなりたくない」「あそこまで疲れ果てて，管理職になる魅力は何なのだろう」「大して給料も変わらないのに・・・」こんな言葉が横行する学校に，反面教師として燃える優秀な次期管理職候補が育つのは，かなり低い確率ではないだろうか。

　ついに，校長の評価を教員がする制度が始まる。香川県教育委員会は平成15年度から現場教職員から校長の仕事ぶりについて意見を集約する制度を導入する方針を固めた。

　校長の勤務評定の参考資料となる。これは教育長が現行の校長の勤務評定に関して具体的な資料を得るためであるという。

　つまり，校長と教職員が互いに評価者としての力量が問われることになる。

　くれぐれも教職員のお気に召すような振る舞いの校長が増えないことを望

む。当然，子どもに向かう姿勢と教職員に向かう姿勢が，一致していてこそ教育であるといえる。
　大部分の教職員の判断は確かである。しかし，中には「自分の仕事をカバーしたり減らしたりしてくれる管理職がよい」という判断の教職員もある。
　例えば，プール指導の時に，陸上監視当番の一員に管理職や養護教諭を当てる学校がある。
　危機管理体制として，事故の時にだれが初期対応をするのかという，第一歩のシステムが機能しない。
　それよりも，自分の分担が１回でも減ることを第一に，学校中の教職員が分担することが「子どもを理解することになるから」という「子どもを盾にする理論」をまことしやかに振りかざす。
　そういう考えの教職員が，「よくプール指導にきてくれる校長はいい人」「すぐ机の修理をしてくれる校長は，すばらしい」という評価をするのかと思うと恐ろしい。
　「上・下・横から，評価されるのは当たり前なんですよ。」
　企業に勤める知り合いから聞いていたが，こうなると，やがて現場の教職員同士も互いに授業評価とは，別の観点の評価もし合うことになるのだろうか。

(7) 必修コミュニケーションスキル

　教職員の「目標管理」による研修を支援する校長として，必要なスキルがある。それは，以下に示す７つの「コミュニケーションスキル」である。
①元気
　・健康でなければ元気は，外に表れない。
　・健康への自己管理能力が必要である。
　・フットワークのよさが「元気」を伝えてくれる。
②笑顔
　・その日によって機嫌が違う人は，相手に不要な気遣いやストレスを与える。
　・「首は年齢を表し，手は生活を語り，顔には性格がにじむ」という。表情は重要である。
　・眉間に寄るしわは，思慮深いために刻まれた方もいるが，表情じわは，

高価なコラーゲンを注入しなくても，日々の笑顔で改善される。
- 笑顔は人に安心を与える。
- 笑顔の人には話しやすい。情報が入ってくる。早い時期の相談も届きやすい。
- ニヤニヤ，ニタニタでなく，ニコニコの笑顔である。

③明るさ
- ユーモアを解する余裕がある。
- ウィットで返せる余裕がある。
- 突っ込みも「ボケ」も人権には配慮する。
- 場をなごませるつもりのセクシュアルハラスメントは大きな勘違いである。

④知的好奇心
- 教養として関心・意欲は生涯教育のお手本。
- 専門職としての法規・法令・通知・通達等の改正には超敏感に。
- 芸能ネタ，話題の流行ものも，ミーハー的関心事としての引き出しは多くもつ。
- 「モー娘」のメンバーの「次はだれが卒業か」を予想できるぐらいの力量はほしい。

⑤肯定的応答
- 音声言語は，考え方を表出している。
- 肯定的にとらえて，後押しするパワーを与える。
- 賛同できない指導すべき事柄については改善のための代案をもつ。

⑥肯定的対応
- 「聞いてもらってスッとした」と言われる相手になる。
- 受容し，共感し，認証する。
- 自分の話題にばかり引き込む「自慢話ワールド」から，人は遠ざかる。
- 説教型，うんちく型からカンファレンス型へ。
- ストレスマネジメントを実践する。

⑦振る舞い
- 教職員，保護者に対しての公平性。
みんな，見ていないようでじっと見ている。

聞いていないようで，仕事をしながら，聞いている。

3 育ち合う教職員組織の確立

(1) 公開授業は何のため

「本校の歴史始まって以来のことである。」というある校長の熱い語りを聞いて，いったい何事が起こったのかと耳を傾けた。それは，授業公開だった。驚いた。こんな当たり前のことが，なされていない学校がまだあったのだ。ところが，驚いたことに，「それはすごいことなのだ。」という。なんと，高等学校ではこれからのところもまだあるらしい。

私は，元小学校教諭である。公開授業を通して，教員としての資質が高められる機会を得たことは，確信をもって言える。

私自身，新任教員研究授業に始まって，校内研究授業，市内初等教育研究部会授業公開，全国大会の授業公開・・・規模は違っても，毎年のように，授業を公開してきた。

参観日は毎月のように保護者に対しての授業公開の日としてきた。学年内でも研究のために交換授業や日常の授業見学を授業時間のやりくりをしながら，進めてきた。

教師は，「見られてなんぼ」の世界である。まず，教員の相互評価が資質の向上につながる校内の専門家集団でありたい。

同僚に見られないと，力量は高まらない。お客様を招かないと部屋は片づかない。たとえ気遣いを必要としないお客様を招いても，部屋を片づけなくなったら，おしまいだ。部屋が散らかったままで，次第に気遣いを必要としない友達さえも招けない部屋になってしまっている知人がいる。

そんな人を招けない授業をしている教員がいたら，子どもの育ちへの責任の放棄にほかならない。

しかし，だれに見られるまでもなく，子どもの反応が，授業改善のバロメーターである。

授業が成立しないときの原因として考えられることとして，

①教師の準備不足

②教師の力量不足
　③子どもの学力定着不足
　④子ども理解不足
がある。

　ある学校の年間計画に、「研究授業は普段どおりで、あまり準備をしない。」という但し書きがあった。それほど、すべての教材研究が日常からなされ、展開も改善を要しないほどに確立されているというのだとしたら、すごい学校である。
　そうではなく、「みんな気楽に、いつものままでやりましょう。」というなら、自分の学級を自習にして参観に行ったり、山積みする課題を残して、授業参観するのはしのびない。
　このチャンスをそのようにとらえて研修の進め方をする学校は伸びない。
　授業公開の時間は、いつも以上に、指導法を研究して、改善工夫したものを提案するチャンスなのである。それを繰り返してこそ、いつ授業公開しても「いかにも一夜漬け」の授業でなく、子どもの育ちが伝わってくるものである。
　見られるということは、意見をいただくということである。それは、必ず改善を求められることである。
　「先生のお人柄が表れた素晴らしい授業でした。」等の教員相互の人間関係を維持するための一言感想しか出ないような授業研究会は、意味があるとは言いがたい。

(2) 授業評価を活かす

　授業評価は大きく分けて2つある。
　一つは教職員の相互評価であり、もう一つは児童生徒と保護者からの他者評価である。
　これまでも、授業研究として校内や市町村、都道府県単位の研究会において、授業公開はなされている。
　それは、ほとんど教職員の相互評価や専門家や指導主事からの評価である。一部に子どもの自己評価として組み込まれ、授業改善のデータとして活用されている例もある。

しかし，子どもと保護者からの他者評価を授業改善に位置づけていることは，まだ少ない。

そんな中で，高知県と東京都で進められている例を挙げてみる。

高知県では「授業評価」として，以下のように進められている。

○取り組みの時期
- ・1997年度・・・小・中学校
- ・1998年度・・・公立高校
- ・1999年度・・　公立盲・聾・養護学校

○評価方法のモデルの提示
- ・小学校低学年用
- ・小学校中学年用
- ・小学校高学年用
- ・中学校用
- ・高等学校用

○内容・様式
- ・学校によって様々。
- ・必ず使わなくてもよい。

○評価の時期
- ・週1回〜年1，2回

東京都では，
　東京都足立区・・・すべての小中学校に導入　　（2003年）
　東京都・・・すべての都立高等学校に導入　　（2004年）

また，多くの大学の取り組みも，進んでいる。

しかし，授業評価が学期末にまとめて行われることがまだ多い中で，山口大学医学部では，1コマごとの授業評価が実施されている。

煩雑な事後処理と，評価の活かし方の問題点は，学生によるパソコン入力で解決されている。オンラインによる評価は即，次の授業に反映し，改善できるところから取り組むことが可能となる。

研究授業をして，教員だけで「事後反省会」をして，授業改善に取り組んで

いた時代は終わる。授業の反省材料のデータとして、子どもの理解度や満足度が入っていることが、授業改善につながるからである。

また、そこから明らかになった反省点や改善点を次の授業に活かせてこそ、授業評価の意味がある。

小学校担任制と比べると改善に活かすスピードが違う。小学校では、教師は来年は何年生担任か分からず、いつその授業評価を生かした教科の単元の改善授業ができるかしれない。小学校は校内研究授業は熱心であっても、それを、個人のデータとして完結させてしまい、校内の知的財産として共有しないところに問題がある。

また、公費を使って出張する公開研究授業の研修報告さえ、実施されていない学校もある。出張先の土産の饅頭はいらない。公費を使って出張した者には、授業の改善につながる資料とライブでしか得られなかった情報を校内に広めていく役割があるはずである。

授業評価項目の一つとして、次のような子どもへの質問はよく見られる。

「今日の授業は楽しかったですか。」

「よく分かりましたか。」

この項目のみを、単独で数値化して分析することも、まだよく見られる。

この数値が多かったから「よい授業であった」「子どもの満足度が高かった」という結果を出すのは、教師の自己満足である。

加藤明教授（京都ノートルダム女子大学）が、よく講演の中で言われる。

　「楽しかったですか。と聞かれて、明日もその担任と一緒にいないといけないのに、『楽しくなかった』とは、なかなか答えられないでしょう。それでも、『楽しくなかった』と答える子がいたら、よっぽどひどい授業だったんでしょうね！」

ということになる。

その設問を設定するなら、「どんなことが楽しかったですか。」という質問とセットで分析することによって、本質が見えてくる。子どもに建前で答えさせたり、気遣いをさせたりした授業評価からの授業改善はできない。

「学校経営」の「経営」という言葉は、「財政面の裁量がない中でなじまない」という考えも一方でまだ聞くことがある。

しかし、「先生のカネは時間」である。営利の目的は「子どもの育ち」であ

る。いかに，時間をかけようとも効果的な子どもの育ちが表れなければそこにかけた時間＝カネはずいぶん無駄をしたことになる。即，改めねばならない。

(3) 結んで，開いて，手をつなぐ
― 校種間連携の目指すもの ―

これまで学校は，小学校の場合は，右手に幼稚園，左手に中学校と手をつないで教育にかかわってきた。少なくとも義務教育の15歳までの育ちを連続・発展させるならば，中学校区としての必要な連携をデザインし，提案していくことが必要である。

中には，校内の学年団さえ手をつながず，「学校の中に，3つの学校がある」といわれるような中学校や高等学校もある。

校種間連携事例や小中一貫校や中高一貫校の事例は，すでに多く見られる。ここでは，教職員人事にかかわらない学校の取り組みレベルで可能な内容に限定して校種間連携について述べていく。

まず，子どもの課題解決への対応として求められることを挙げる。

「小1プロブレム」といわれる幼小の段差がある。幼小の連携，小・中学校の連携，中・高等学校，高大連携とあるが，ここでは，高等学校と大学との連携を一つ挙げたい。

「自分は，小学校や中学校に勤務しているから，あまり関係ないな」と一瞬でも思われたら，ここで意識を切り替えていただきたい。

生涯教育の中で，よりよい生き方を育てるために，連続した指導をどうつなぐかという視点を常にもちたい。

(1) 連携の条件
　①双方の目的が明確であること
　②双方にメリットがあること
　③継続が可能であること

連携そのものを目的としては，よくあるイベントに終わってしまう。

(2) 今すぐすること，これからしたいこと
次の5つの連携策が答申で示されている。
　①高等学校での進路指導学習指導の充実
　②高等学校の生徒が大学レベルの教育を履修する機会の拡大

③入学者の履修歴等の多様化に対応した大学教育への円滑な導入の工夫
　④大学が求める学生像や教育内容などの方法の的確な周知
　⑤高等学校と大学関係者の相互理解の促進
　　「初等中等教育と高等教育との接続の改善について（中央教育審議会答申）」（H11.12）

（3）高大連携の目的
　○大学側から見て
　　①大学の正確な情報を伝え，学習意欲のある学生を確保する。
　　　「入れる大学から，入りたい大学へ」
　　　入学後も意欲をもって積極的に取り組む学生の確保と大学の活性化へ
　　②高等学校の教育の変化を正確に知る。
　　　高等学校教育の多様化
　　　多様なニーズに応える特色づくり
　　　新学習指導要領の導入に則した学習内容をふまえた学習状況

　○高校側から見て
　　①大学のソフト面について正確に知る。
　　　生徒が直接大学の学習に触れる機会を設け，将来自分の興味・関心や適正などに応じて進路を選択し，高等学校卒業後も意欲をもって学習に取り組んでいくためにも有意義なこと
　　②生徒の特性や能力を伸ばす。
　　　特定の分野への強い知的関心をもつ生徒
　　　大学での専門分野に直接触れ，さらに深く追求が可能
　　　これまで以上に高等学校の基礎的基本的な学習の必要性を実感する体験

（4）高大連携の在り方例
　○生徒を対象として
　　①高校生⇒大学教員
　　　・受け入れ講義・・・高等学校の生徒が大学に出向いて継続して受講

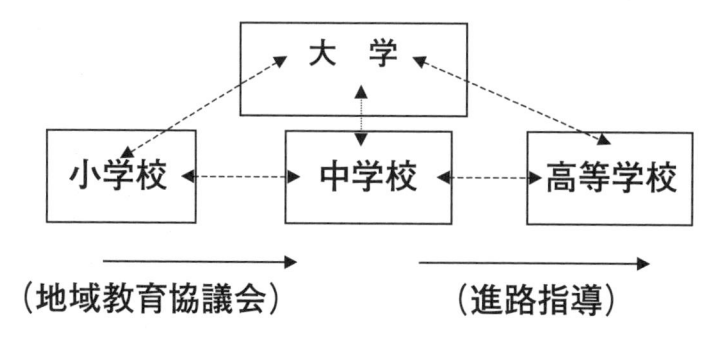

第7章 これからの学校マネジメント

```
        ┌─────┐
        │ 大 学 │
        └─────┘
       ↗  ↕  ↖
┌─────┐ ┌─────┐ ┌─────┐
│小学校│←→│中学校│←→│高等学校│
└─────┘ └─────┘ └─────┘
```

（地域教育協議会）　　　（進路指導）

【図1】大学連携の現状

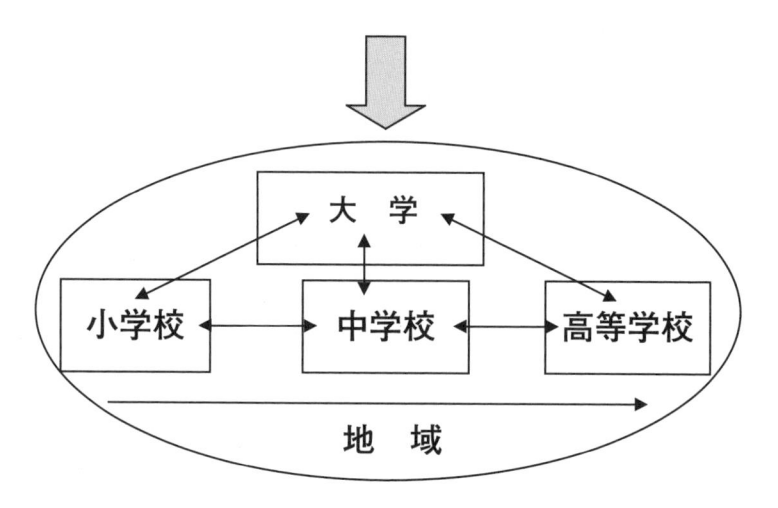

⬇

```
    ╱─────────────────────╲
   │        ┌─────┐        │
   │        │ 大 学 │        │
   │        └─────┘        │
   │       ↕               │
   │ ┌─────┐ ┌─────┐ ┌─────┐ │
   │ │小学校│←→│中学校│←→│高等学校│ │
   │ └─────┘ └─────┘ └─────┘ │
   │                       │
   │        地　域         │
    ╲─────────────────────╱
```

【図2】今後の大学連携

　　　する（単位認定を伴う）
　　・体験講義・・・大学内の見学，高等学校生徒のための特別講義（単位認定を伴わない）
　②大学教員⇒高校生
　　・出前講義・・・大学教授らが高等学校に出向いて行う選択授業等（単位認定を伴わない）
　　　継続的，あるいは夏季休業中に集中的に講義を行う（単位認定を伴

う）
　　③大学生⇒高校生
　　　・大学生の単位認定
　　　・施設相互利用
　　　　吹田東高等学校は大阪学院大学の施設を使用して「2年生の英語」の授業を実施している。
　　　・部活動指導
　　　　大阪学院大学女子バレー部学生が吹田東高等学校の体育館で練習し，生徒を指導している。

　○教職員を対象として
　　①小・中・高校教員⇒大学
　　　・夏季研修大学等オープン講座
　　　・冬季研修大学等オープン講座
　　②高校教員⇒大学生
　　③大学⇒小・中・高校教職員

　○交流推進に向けて
　　高校⇔大学
　　①高等学校の教育内容や教育上の課題についての大学教員からの助言
　　②7年間を見通した教育活動の在り方の検討
　　　英語教材研究・・・大阪学院大学と吹田東高等学校
　　③府立高校のシラバスを参考にした講義の計画

（5）バトンタッチから
　○従来の教育は，高から大へのバトンタッチ
　　高等学校は，手渡したら責任が終えていたのではないかと言う反省に立つ必要はないだろうか。
　　大学には，学びのレディネスをふまえた学習の展開はなされていたかという振り返りが必要ではないか。

第7章 これからの学校マネジメント

○高・大の段差にスロープを
　・これまでの教育の連続と確かな定着を図るために
【詳細に検討する内容】
①必然性と広がりのある連携相手の決定
②連携の形態
③講座の内容
④受講費
⑤開始時期と終了時期
⑥対象生徒
⑦安全面の配慮
⑧生徒・保護者への十分な説明と理解
　・実施後の評価と改善こそ重要
①生徒・教員へのアンケート
②双方の達成目標の評価
③次年度への課題の明確化と共通理解

○高・大の溝にブリッジを
　・従来は無かったものを，創造していく取り組みが必要である。
　・他校の模倣でなく，実態や課題に即した連携の在り方の模索
　・チェンジはチャレンジ，チャレンジはチャンスとなる！

(6) 評価結果から組織を活性化する（高等学校事例）
① 大学との連携

「学校教育自己診断」の結果からも，「地域に生きる公立高校」として，一歩の足を踏み出す必要性が提言されていた。学校協議会はこれを受け，E私立大学・F国立大学との連携内容等についてそのさらなる充実が提言された。本稿では，例の一つとして，これら両大学との連携内容の実際を報告する。

なお，E私立大学の課長補佐とF国立大学教授は，本高校の学校協議会の委員であり，学校に対して，熱と心のこもった支援をしている。

A．私立大学との連携
E私立大学は，本校の近隣に位置し，自転車で20分程の距離である。E大学

とは平成13年6月より高大連携をスタートさせたが，この内容について，一部の新聞で詳細に報道されている。

（ア）　平成13年6月20日・27日の2日にわたって，「コンピュータ」をテーマに同大学情報学部教授による「出前講演」を実施した。対象者は，3年数学「C」選択者である。内容はコンピュータ，インターネットの仕組みやソフトウエア構築についてで，これからの社会とコンピュータなど身近なテーマで分かりやすい内容であった。

（イ）　平成13年6月25日から連続3日間にわたって，「生活習慣病と運動」をテーマに同大学経済学部教授による「出前講演」を実施した。対象者は1年全員で，内容は，高校生が自分に合ったスポーツをすることの重要性についてデータを示しながらの熱心な授業であった。また，間違ったダイエットや喫煙など，高校生にぴったりの話題も取り上げた授業で生徒は興味深く聞き入っていたが，模様は，地元ケーブルTVで放映されている。

　　　同様に，平成14年度は，「スポーツの生化学と栄養学」のテーマで実施。このような企画の実施のため，本校までの機器等運搬や設置のため，大学の多くのスタッフが献身的な協力をしている。

（ウ）　平成13年夏期休業中の補習を大学のパソコン教室で実施した。インターネットを活用したレポートを作成し，対象者は，3年数学「C」選択者で市の広報誌にも掲載された。

（エ）　学校行事における連携
　　　校内「合唱コンクール」に同大学混成合唱団が模範演技の友情出演した。

（オ）　部活動等への技術支援
　　　同大学女子バレーボール部・大学水泳部による本校部活動に対する技術支援。さらに，ラグビー同好会に対する支援等企画中である。

（カ）　本校作成の「学校紹介ビデオ」の編集にかかわる大学スタッフの技術支援（平成13・14年度）。

（キ）　平成14年度には，「ストーリーテリング」をテーマとする「英語」授業を7月同大学の教室で実施した。対象者2年全員で，同大学の教育設備はすばらしく最新のものが取りそろえられており，清潔なキャ

ンパスは，生徒にとっては大きな驚きであった。教育環境はこうあるべきかと校長も驚嘆している。

　授業内容は，午前中4時限を使ってのデジタルストーリーの作り方（オフィス群アプリ：Power Point を使用）とパソコン教室での操作実習であった。そして，ストーリーテリングを大学で実践・研究している外国語学部助教授から，生徒に夏休みの宿題として「デジタル絵日記」に取り組むよう話があった。

　大学が夏休み中，パソコン教室を2週間開放した期間中，多くの本校生徒が大学に行き，熱心に課題に取り組んだ（9割の生徒が課題提出）。

　この生徒のがんばりが大学に評価され，大学が「第1回デジタル絵日記コンテスト」を初開催することになり，平成14年11月9日（土）に優秀な作品を制作した生徒が大学より表彰された。

　なお，この「コンテスト」は本年度は，同大学附属高校（約80名参加）と本校（約320名）の2校の参加であったが，来年度からは，参加校数において全国的な規模に拡大された開催となるようである。このことは，地元ケーブルTVで大きく報道された。

　また，この外国語学部助教授のスタッフと本校英語科教諭との「英語教材の開発に関する共同研究」を平成13年度より立ち上げており，さらに今後，こうした分野での充実とすばらしい成果を期待している。

（ク）　本校PTA主催の「講演会」の講師として，大学から専門家を派遣される。

（ケ）　ネットワークを使った本校と大学の遠隔教育による高大連携について現在，技術面で調整中である。

　少子化，教職員の高齢化等の諸課題が教育を取り巻く中，E私立大学は，市教育委員会や小学校や中学校，それに本校のような府立高校との連携を通じて，地域への貢献を強く推進されている。本校もこうしたE大学の「哲学や姿勢」に学ばなくてはならないと痛感している。「本校が地域に対してどのような貢献ができるのか。」ということと「余裕教室活用の推進」とともに新たな道を果敢に歩みたいと考えている。

B．国立大学との連携

　完全学校週5日制が平成14年度から導入されるに伴い，「学校教育自己診断」や「学校協議会」では「生徒の学力低下を心配する声」が存在していた。これについて，「学校協議会」で校長の平成14年度からの対応策をただされたことがある。それを受け，授業日数や授業時数の確保について一定の改善点を示し一定の理解を得たが，土曜日の活用を学校としてどうするのか等の議論が活発になってきたのである。

　本校の学校協議会委員でもあるF国立大学教授は，「学校で教職員が行う実際の仕事内容は多岐にわたり表に見えないものも非常に多い。一つのことを企画してそれを実行するためには，教職員は大きな努力を払っている。」という考えである。このことから，教職科目「総合演習」受講者の希望にそって学校等の現場に派遣している。その場で，学生にはさまざまな学校教育活動の補助活動に参画することによって，このことを学ばせようとする考えをもっておられる。その活用を直接校長に打診してくださったことが契機となり，連携に発展してきたものである。

　本校は，平成14年6月から平成15年2月までの土曜日16回を使い，全学年の希望する生徒（約100名）に対して，本校教諭が作成する「英語・国語・数学」の教材を使用した勉強会を土曜日に実施することを決定し，その指導補助として同大学学生を派遣していただくという企画が実際実現したのである。派遣いただいた学生も，毎回15人から20名にも達した。この勉強会では，学習活動だけではなく，本校の昇降口・自転車置場周辺等でのペンキ塗りの作業もこのプログラムに挿入して実施したところである。このことは，土曜日を有効に活用している例の一つとして，保護者等から熱い期待を寄せられているところであり，地元ケーブルTVでも報道されている。平成15年度も同計画をさらに発展させている。

② まとめ

　本校の学校改革については，学校教育自己診断や学校協議会の開催等が契機となり，ようやくその重い腰をあげたにすぎない。本稿では，学校協議会の成果の一つとして高大連携を例として取り上げたが，この学校協議会がより活性

化するためには，提言を受けた校長がいかに学校としての意思を素早く決定して，それを実施するのかということである。このことが，実は厳しく問われているものと考える。その実施のスピード化を図ることこそが重要であり，地域社会への信頼確保にもこのことがポイントになるものと考えているところである。学校が地球の公転周期でゆっくり変わる時代ではないという認識である。

本校においては，この観点から「学校組織の見直し」に着手し，学校組織のスリム化を図りながらも，新しい課題に対応できる新分掌も新設した。

職員会議を校長の補助機関とすることを新規定で明確化し，校務運営会議を分掌を越えた立場でも主任等が論議できるなど充実させ，分掌人事についても適材適所を貫き校長の直接任命制とすること等3点セットとして既に決定している。こうしたことにより，平成15年度に実施する第2回学校教育自己診断からの提言や改良点，今後の学校協議会からの貴重な提言等を蔵に収納することはないであろう。

また，教職員からの貴重な，積極的な，具体的な提案については，校長もこれを尊重することが重要であり，たとえそれがその時，校内的に少数意見であるとしても，校長の責任においてそれを採用し実施できる新しい規定ともなっている。このことは，教職員一人一人の学校運営への実際的な参画をむしろ促すものであると考えており，同時に課題解決のスピード化にも一定の答えを出すことができるものと確信している。

学校協議会の開設は，このように間接的にせよ，学校組織の改変や学校の今までの実際的な意思決定の過程までも鋭く問われることにもなり，まさしく本校にあっては，教育活動のあらゆる場において例外なくその全面改装を果たさなくてはならないものと強く受け止めているところである。

第8章 コラム3集

1 「説得より納得」― それが善野流

　問題を発見すると，解決への意欲と工夫が生まれる。すべては実態を知ることから始まる。釣りなら，魚の習性や漁場のポイントを知ろうとする。パチンコなら釘を研究し，競馬では馬体や過去のデータを調べる。調べたことを分析して行動を起こす。実態が分からなければ，問題は見つからず，成果も上がらない。評価も同じだろう。

　「秘策」という言葉が示すとおり，本書では，先進的な実例，豊富なデータから緻密な分析を行っており，だれが読んでも「学校評価」の手順がよく分かるものになっている。この「分かりやすさ」は評価には欠かせない。善野氏の紡ぎ出す言葉は，分かりやすいのである。

　例えば，教頭研修会で「人にストレスを与えることはあっても，自分が抱え込むことのないよう，心と体の健康に気をつけてください」と笑わせる。「手が早い，口がうまい」と同僚からつっこまれると，即座に「仕事が速い，表現力があると言ってちょうだい」と笑って返す。そして「言わなければよかったと後悔するよりも，こう言えばよかったと反省する自分でありたい。いつも，エネルギーがわき出るような生き方をしたい。やってよかった経験を，忙しくてもいっぱいしたい」と夢を語る。

　若い美容師から恋愛の相談を受けたら「愛とは，自分の時間を惜しみなく与えること」とこたえる。失敗した教師には「ピンチこそチャンス！こけた後で立ち上がる時には力が入る。それは，力みではなく学習したことの証明」と励ます。常日ごろから部下には「情報とは，情けに報いると書く」と諭す。難しく考えがちな評価も「説得よりも納得（『状況の法則』より）」と切り返す。

　彼女の言葉に対する感性にはいつもうならされる。かく言う私も書を著しているのだが，そのセンスには到底かなわない。彼女とやりとりする何気ないメールの中にも印象的なフレーズがいくつも見つかる。読み手や聞き手にとって，彼女が紡ぎ出す言葉はいつも「旬」なのである。

　加えて，そのポジティブな姿勢は，校長研修会で同席した教育長に「善野さんのように，一度会ったら忘れられない人間になれ」と言わしめる。彼女の熱意と言葉がエネルギーとなり，人に影響を与えるような「勢い」を作り出して

いるのである。本書でも，長年，学級運営や生活科に真摯に取り組んできたひたむきさが，そのまま学校運営，学校評価の視点にまでつながっていることが読みとれる。きっと読者のみなさんも，学校の存在価値（レゾン・デートル）を改めて振り返ることになるだろう。彼女のような「勢い」をどう校内につくり出すのか，そんな視点も本書から学べるはずである。

　私がほんの一端をご紹介した「なるほど！」が本書の中でいくつも見つかる。ぜひ，読者のみなさんもご自身でそれを実感していただきたい。きっと，本書が2倍，いやそれ以上に楽しめるものとなるに違いない。

中嶋　洋一（富山県教育委員会砺波教育事務所指導主事）

2　ゼンノ・ワールド

その1　教員時代から

　善野先生は，教員時代に担任した教え子が20歳になったら，「おめでとう！大人の仲間入りだね」と，一人ずつお祝いの電話をかけているそうです。それも，教え子全員に。これは，なかなかできないことです。善野先生からのお祝いの言葉は，きっと新成人になった教え子さんたちにとって，懐かしさとともに元気を与えてくれるものとなっていることでしょう。成長の節目を大切にした応援電話は，「教える」「育てる」ことの意義や本質について教えられるようです。私には到底できそうにありません。

その2　教頭時代パートⅠ

　大阪南部ニュータウンの隣同士の小学校教頭として何度も連絡・連携をとり合い，地域に根ざした学校づくりに共に奔走しました。

　善野先生は，「人づくり，学校づくり，街づくり」と言い，（「若づくり」も付け加えていましたが。）学校の改革，ＰＴＡ活動の活発化，中学校区健全育成事業の活性化などに，積極的，精力的に取り組んでいました。例えば，学校内の男女別に並んでいた朝礼の隊形を，男女混合にして並ぶことを提案，実践。国際理解教育として，タイの民族舞踊の方を招き，周辺地域をも巻き込んでの講演会を開催。司会はやはり「華のある人，華になる人」の善野先生でした。

その3　教頭時代パートⅡ

　教頭に任命されたときの市の辞令交付式で，転任の管理職を代表して善野先生が挨拶。「私は，どこのどんな学校に赴任するのかではなく，学校で何をするのか，どんなことに取り組むのかが大切だと思っています。自分のビジョンをもって取り組んでいきます。」という趣旨の挨拶でした。自分の力を信じ，自信をもち，夢に向かって進んでいく姿勢は，終始一貫しています。いつも「なりたい自分を自分で描き，それに近づくように努力している」という善野先生。貴女に憧れている先生たちがいるというのも納得できます。

その4　本書について

　善野先生の語る言葉は，簡潔で，分かりやすい。また，ユーモアのセンス抜群で，どこか，辛口であったり，お笑い的であったりと，話には隠し味のスパイスがよく効いている。彼女の本には，「なるほど」「よく分かる」から「取り組めそう」，「これならやれそう」，そして「取り組んでみよう」というように，意欲や見通しがわいてきます。善野先生の本の中には，そういった取り組みのヒントや近道への秘策があちこちにちりばめられています。

曽根勝　重美（堺市立白鷺幼稚園長）

3　教員がこれから取り組むべきこと

　教員は一般にデータ化が苦手である。教育活動において，効果測定を数値で示したり，目標を数値で示すことなどは従来行ってこなかった。体験を通して，「子どもたちが変わりました」「子どもたちが生き生きと授業に参加しています」などと言葉で子どもたちの変容を評価してきた。また，先輩の先生方にクラス運営の極意を学び，先輩や管理職の方々に学年団や分掌の長としての仕事を習った。これは，まるで匠に徒弟が手ほどきを受けるのに似ている。また，授業等でも実践が重要で，理論は二の次であるという考え方が大半を占める。私はよく，織田裕二主演の『踊る大捜査線』の台詞にある「事件は会議室で起きてるんじゃない。現場で起きてるんだ」にかけて，「授業は研究室で行うんじゃない。教室で行うんだ」とたとえることがある。我々教員も，日々の実践を理論化し，データ化することによって，匠の技も一般化され，広く世間に披露さ

れることができるのであろう。
　私の専門は英語教育であるが，私の好きな言葉に，富山大学の新里眞男教授が『現代英語教育』1995年5月号に書かれたものがある。それは，「現在大学では，中・高等学校での英語教員の経験が皆無でありながら，英語教育を論じる若き学者が増えている。かれらの業績を闇雲に全て否定するわけではないが，やはり，自分の実際の教育実践を理論化し，その中から，自分の業績のためではなく，日本の英語教育の改善に役立つものを見出そうとする動きを大切にしたいと思うのである。」というものである。まったくその通りである。これは英語教育のみならず教育全般に関しても言えることである。理論上でいくら教育を語っても，教育はなかなか変わらない。やはりこれからは，良い実践は理論化し，データ化すべきであろう。そのためにも「実践と理論の一体化」がますます図られるべきである。人を納得させるには，教育を熱く語りながらデータを示す。これである。特に小・中・高で勤務した経験のある方にはその可能性が大いにある。ただ，海外の文献を日本語に訳すだけでは日本の教育への貢献度は高いとは言えない。その意味で，今回この善野八千子氏の書かれた『学校評価を活かした学校改善の秘策―汗かく，字を書く，恥をかく―』は私の理屈でいけば本物なのである。
　氏は長年，小学校で教鞭を取られ，教頭として学校運営を行い，行政側に立って教育を考えてきた。学校経営や学校評価に関しては元来「言葉」と「噂」が支配していた。それを経験に基づきながら理論に結びつけようとしているのである。氏の飽くなき探求力，積極性の成せる技である。
　話は変わるが，一度氏とお会いした方は決して氏のことを忘れないであろう。それほどまでに「濃い」のである。髭や毛が濃いわけではない。存在そのものが濃いのである。ある土曜日，氏が出版社に出向いた時のことである。事前に氏をお迎えに受付で待っていた編集部員は，なかなか氏が現れないため心配になり，氏の携帯に連絡を入れた。すると受付の横に立っている女性のバックの携帯が鳴り，
　「もしもし，善野ですが」
　「今，どちらにいらっしゃいますか」
　「受付にいます」
　「え？」

と，隣同士で話をしていたのである。編集部員曰く，「女性が立っていることには気がついたが，まさか先生とは思わなかった。飲み屋のツケを回収しに来た方かと思った」とのこと。それほどまでに想像を裏切る方でもある。乞うご期待である。

　　　　　　　　　　　　　　菅　正隆（大阪府教育センター主任指導主事）

引用・参考文献

天貝由美子（2001）『信頼感の発達心理学―思春期から老年期に至るまで』新曜社
一色尚（2003）「教育は戦いである―絶えざる挑戦」日本教育総合研究所
井谷義則（2001）「育てる指導の発達　人間学的考察」（第一報）大阪教育大学紀要第Ⅳ部門『教育科学』第49巻第2号
今村正一（2003）「平成14年度日本教育会優秀入選作品　西小改革の道すじ　『創意を総意に！』主体的に学ぶ子，共に学ぶ子をめざして」『大阪教育新潮176号』大阪府公立小学校教育研究会
大阪府教育委員会（1997）「学校教育自己診断試行のまとめ」
大阪府教育委員会（2000）「学校教育活動の自己評価等に関する調査・研究―協議経過及び関連資料」
大阪府教育委員会（2003）『学校評価を共に創る』学事出版
大阪府教育センター（2002）「今日から明日へ―子どもたちの心をつかむ学級経営の在り方」（学級経営研究最終報告書）
大阪府教育センター（2003）「学校改善の道すじ―学校教育自己診断，学校協議会を活かして―」（学校評価研究報告書）
大脇康弘，田村昌平（2002）『学校を変える　授業を創る』学事出版
梶田叡一（1992）『教育評価』[第2版] 有斐閣
梶田叡一（2000）『教育評価―学びと育ちの確かめ―』[改訂版第4版] 放送大学教育振興会
木岡一明（2002）「学校評価の促進条件に関する開発的研究中間報告書（2）」国立教育政策研究所
木岡一明（2003）『新しい学校評価と組織マネジメント』第一法規
幸田三郎（1990）「学校評価」。細谷俊夫[ほか]編集代表（1990）『新教育学大事典』（第一法規）所収
児島邦宏（1990）「学校経営」。細谷俊夫[ほか]編集代表（1990）『新教育学大事典』（第一法規）所収
小島弘道（2003）「校長育てる大学院創設を」。『日本経済新聞』5月3日号掲載
齊藤孝（2003）『文藝春秋』8月号所収
組織マネジメント研修カリキュラム開発会議（2003）「組織マネジメント研修テキスト」文部科学省初等中等教育局
高野桂一（1962）『学校運営研究　12月号』明治図書出版
高野桂一（1998）『実践学校経営診断』ぎょうせい
中留武昭，国立教育研究所内学校経営評価研究委員会（1983）「学校評価に関する基礎的研究」国立教育研究所
中留武昭（1994）『アメリカの学校評価に関する理論的・実践的研究』第一法規

牧昌見（1975a）『児童心理（3月号特集　成長のための教育評価）』（金子書房）所収
牧昌見（1975b）『学校経営と教頭の役割』ぎょうせい
牧昌見（1986）『学校経営診断マニュアル　新しい手法の開発と効果的な使い方』教育開発研究所
牧昌見（1987）『教育実践に生きる経営診断』ぎょうせい
牧昌見（1990）「学校経営評価」。細谷俊夫[ほか]編集代表（1990）『新教育学大事典』（第一法規）所収
牧昌見（研究代表者），国立教育研究所（1999）「学校評価に関する実証的研究」平成8・9・10年度文部省科学研究費補助金基礎研究（A）（2）研究成果報告書
牧昌見（2000）「学校評価に関する実証的研究中間報告書」国立教育政策研究所
牧昌見（2003）『学校経営』2月号（第一法規）所収
文部省（1951）『中学校・高等学校　学校評価の基準と手引き（試案)』実教出版
文部省（1998）「中央教育審議会答申　今後の教育行政の在り方について」
八尾坂修（2001）『現代の教育改革と学校の自己評価』ぎょうせい
吉本二郎（1979）「学校教育研究所年報　第23号」学校教育研究所
善野八千子（2003a）　スクールリーダーフォーラム01　「学校教育自己診断を実施する─学校を開く試み─」（大阪府教育委員会・大阪教育大学連携プロジェクト）
善野八千子（2003b）　第2回スクールリーダーフォーラム「学校を開く・学校を診断する─学校協議会と学校教育自己診断を連関させて─」（大阪府教育委員会・大阪教育大学連携プロジェクト
善野八千子（2003c）「学校の自己評価から学校改善へ」。長尾彰夫・和佐眞宏・大脇康弘編『学校評価を共に創る　学校・教委・大学のコラボレーション』（学事出版）所収
善野八千子（2004a）「学校改善につながる学校評価を進めるための8つのポイント」。『ベネッセ進研ニュース　VIEW 21 小学校版・中学校版』所収
善野八千子（2004b）「学校評価・教員評価Q＆A」日本教育新聞社

あ と が き

「知らないことがあったら本を書いてみよ」「書くことによって知る」そんな言葉を励みにこの本を書き出しました。

これまで，学校経営を論じているりっぱな書籍からたくさんのことを学びました。

しかし，「その向こうには，だれが見えているのだろうか」という疑問も少なからずありました。学校経営マネジメントが必要なのは，管理職だけではありません。現在，学校教育にかかわっているすべての方，これから，教員になろうと思っている方に必要なものであるという思いが，書き進めるにつれてますますつのってきました。

次は，授業評価について，生活科を基盤とした学校経営・・・十分触れないまま，書きたいことを残しています。教育は常にオープンエンドです。

ここに，私がかつて，子どもたちの卒業に向けて綴った一文を取り出しました。

ご卒業おめでとうございます。
いろんな学年の仲間たちと石ころをけとばして毎日通った道ともお別れ。
これからは，違う道を通う日が待っている。
石ころに，けつまずいて転んだ日もある。
涙をこらえてはってもらった保健室のばんそうこう。
「何でこんなところに！」

> 石ころ
> 　　　金子　みすゞ
>
> きのうは子供を
> ころばせて
> きょうもお馬を
> つまずかす，
> あしたは誰が
> とおるやら。
> 田舎のみちの
> 石ころは，
> 赤い夕日に
> けろりかん。

〔『金子みすゞ童謡全集』（JULA出版局）より〕

と，怒ってみても石ころはじっとしていて動かない。
原因も結果もこっちのせいなのに石ころのせいにしがちな自分がいる。

あなたの前には，いつも石ころがある。
道をふさぐ大きな岩があるかもしれない。
だけど，その岩をどうよじ登るかそれがおもしろい。
いつも自分の歩く道の前の石ころをだれかにはらいのけてもらうことを繰り返している限り，ちっぽけな小石でもつまづくかもしれない。
転んだって，転び方も身につけて，助けてくれる人の優しさもいただいて，何度だって起きあがればいい。
たった一回のわたし。たった一つの命。
「人生の中に夢があるのではない。夢が人生を創るのだ」（相田みつを）
私の大好きな言葉。
あなたの夢があなたの人生を創り，21世紀を創っていく。広い世界に向かってあなたの未来に続く道は輝いているのだから。
今日，困ったことがあっても，
「赤い夕日にけろりかん」
「明日」という日は，「明るい日」と，書く。
明日はきっと今日より明るい日。

今の自分自身に向けても綴っているような気がします。何とか，つまずきながら，ここまでやってこられました。

本書の一部は，大阪府教育センター学校評価研究プロジェクトによる平成15年3月刊行「学校改善への道筋―学校教育自己診断，学校協議会を活かして―」によるものであります。この度，大学院修士課程を終えるにあたっての学びの一部も含まれています。
貴重な時間を何度も割いて調査に御協力いただきました調査対象校の校長先生と教職員の方々にこの場を借りて深くお礼申し上げます。箕面学園幼稚園稲本千鶴子園長と非常勤特別嘱託員今村正一先生には，多大な示唆をいただきました。多くの貴重な資料や講話をいただいた関係の皆様方に心より感謝いたし

あとがき

ます。

　さらに，研究を支えてくださった大阪府教育委員会ならびに大阪府教育センターの皆様に感謝申し上げます。また，研究の基盤としての教育評価について，御指導いただいている京都ノートルダム女子大学梶田叡一学長，「学校組織マネジメント」「学校評価」を御教示いただいた国立教育政策研究所木岡一明総括研究官，産業能率大学浅野良一主任研究官，大阪教育大学大学院修士課程で学校評価研究の入り口に立たせて，御指導くださった長尾彰夫副学長，大脇康弘教授，大学院2年間を通して丁寧に御指導いただいた井谷善則教授，「信頼感」研究について御指導いただいた千葉大学の天貝由美子助教授に心より深く感謝いたします。

　最後になりましたが，出版に際しましては，教育出版株式会社の小林一光社長，ならびに出版企画部の平林公一さんに，書き尽くせないほどのお世話になりました。

　また，本書の企画をプラニングし，小林社長はじめ教育事業局，編集局のかたがたにお引き合わせいただきました大阪府教育センター菅正隆主任指導主事に，心より感謝申し上げます。本当にありがとうございました。

　　　　　　　　　　　　　　　　平成16年5月　　　　善野　八千子

■著者紹介

善野八千子（ぜんのやちこ）
　大阪府和泉市生まれ。大阪教育大学大学院修士課程修了（教育学・健康科学専攻発達人間学研究）。堺市立小学校教諭、堺市立科学教育センター研究員、堺市立南八下小学校教頭、美木多小学校教頭、大阪府教育センター教育企画部企画室主任指導主事を経て、現在、奈良文化女子短期大学教授。
　日本教育経営学会、関西教育行政学会、日本グローバル教育学会、日本カリキュラム学会所属。日本生活科・総合的学習教育学会大阪支部代表。人間教育研究協議会会員。モンゴル教員再訓練計画（JICAと大阪大学の連携事業）のモンゴル初任者教員研修において、初の講師となる。続いてモンゴル教育指導法改善担当を務める。また、国立教育政策研究所「学級運営等の在り方についての調査研究」協力者会議委員を務め、現在、同研究所客員研究官でもある。
　「学校経営、学校マネジメント」「生活科・総合的学習」を主な研究テーマとし、全国各地域、学校等で年間約50回もの講演をこなす。
　主な著書・論文に、『学校評価を共に創る』（共著、学事出版）「学校改善につながる学校評価を進めるための8つのポイント」（ベネッセ教育総研ON LINE）、「学校評価・教員評価Q&A－学校改善に向けて－」（日本教育新聞社）、『「総合的な学習の時間」創造のための基礎・基本－地域と学校の特色を生かした実践とその評価－』（共著、文渓堂）、『基礎・基本に返る学習指導』（共著、金子書房）、『確かな学力と指導力』（共著、金子書房）、「基礎基本とは何か」（教育新潮）、『生活科授業研究』（共著、文教書院）、「子どもと保護者と教師が育つ生活科の実践的研究」（日本教育会）などがある。
　「与謝野晶子、善野八千子、沢口靖子が卒業した大阪府立泉陽高等学校」と、母校をこよなく愛し、誇りとしている。
　「教育は人づくり、まちづくり、そして私は若づくり」を信条として、学校を支援する「学校現場への元気配達人」である。

学校評価を活かした学校改善の秘策
汗かく　字を書く　恥をかく

2004年	8月9日	初版第1刷発行
2007年	11月6日	初版第4刷発行

　　　　　　　著　者　善野八千子
　　　　　　　発行者　小林一光
　　　　　　　発行所　教育出版株式会社
　　　　　　　〒101-0051　東京都千代田区神田神保町2-10
　　　　　　　　　TEL 03(3238)6969　FAX 03(3238)6999
　　　　　　　　　URL http://www.kyoiku-shuppan.co.jp/

　©Yachiko Zenno 2004 Printed in Japan　　印刷　神谷印刷
　ISBN 978-4-316-80099-8　　C3037　　　　　製本　上島製本